Deutscher Seefischerei-Verein

Internationale Ausstellung Mailand 1906: Deutsche Seefischerei

Deutscher Seefischerei-Verein

Internationale Ausstellung Mailand 1906: Deutsche Seefischerei

ISBN/EAN: 9783954271726
Erscheinungsjahr: 2012
Erscheinungsort: Bremen, Deutschland

© maritimepress in Europäischer Hochschulverlag GmbH & Co. KG, Fahrenheitstr. 1, 28359 Bremen. Alle Rechte beim Verlag und bei den jeweiligen Lizenzgebern.

www.maritimepress.de | office@maritimepress.de

Bei diesem Titel handelt es sich um den Nachdruck eines historischen, lange vergriffenen Buches. Da elektronische Druckvorlagen für diese Titel nicht existieren, musste auf alte Vorlagen zurückgegriffen werden. Hieraus zwangsläufig resultierende Qualitätsverluste bitten wir zu entschuldigen.

Internationale Ausstellung
Mailand 1906

Abteilung:
Deutsche Seefischerei.

Herausgegeben
vom Deutschen Seefischerei-Verein.

Vorwort.

Der Inhalt der nachfolgenden Seiten besteht im wesentlichen nur aus einer Zusammenstellung der erklärenden Aufschriften, welche den einzelnen Gegenständen in der Ausstellung angefügt sind. Er dient somit als Ergänzung zu den Angaben in den amtlichen Katalogen der Ausstellung.

Eine zusammenhängende Darstellung der deutschen Seefischerei sollen die Erklärungen nicht geben. Aber sie werden als Erinnerung an das Gesehene manchem willkommen sein und einen Führer bilden zur Kenntnis der deutschen Seefischerei.

Der Deutsche Seefischerei-Verein.
Dr. W. Herwig.

Inhaltsübersicht.

		Seite
1)	Deutscher Seefischerei-Verein, Berlin-Hannover	
	Fischereibetriebe, Fahrzeuge, Geräte (Gruppe 57)	1—9
	a. Nordseegebiet	1—6
	b. Ostseegebiet	6—9
	Statistik, Schulen, Markierungen, Karten, Litteratur (Gruppe 59)	33—49
2)	Museum der Stadt Altona (Gruppe 57)	9—11
3)	Museum vaterländischer Altertümer, Kiel (Gr. 57)	11
4)	J. H. Meves & von Eitzen, Tauwerk- u. Netzfabrik, Altona (Gr. 57)	11
5)	Bremer Tauwerkfabrik, Grohn-Vegesack (Gr. 57)	12
6)	Norddeutsche Netzwerke, Itzehoe (Gr. 57)	12
7)	„Nordstern", Aktien-Gesellschaft, Geestemünde (Gr. 57)	12—13
8)	Backhaus, Kapitän, Blankenese (Gr. 57)	13
9)	Bremen-Vegesacker Fischerei-Gesellschaft, Grohn-Vegesack (Gr. 57)	14—15
10)	Behrs Industrie-Gesellschaft, Hamburg (Gr. 57)	16
11)	Heinr. Fröbel Nachfolger, Barometerfabrik, Hamburg (Gr. 57)	16
12)	J. Jacobsen, Direktor der „Neuen Werft", Neumühlen b. Kiel (Gr. 57)	17—20
13)	H. Luerssen, Klempnermeister, Bremerhaven (Gr. 57)	20—21
14)	H. G. Cordes, Bremerhaven (Gr. 57)	21
15)	A. Baswitz, Berlin NW. (Gr. 57)	21—22
16)	J. Gefken, Kapitän, Bremerhaven (Gr. 57)	22
17)	Fr. Klüver, Inh. Fr. Rosenbrock, Nautisch-mechan. Präzisions-Werkstätte, Bremerhaven (Gr. 57)	22—23
18)	Franz Lidecke, Chronometerfabrikant, Geestemünde (Gr. 57)	23—24
19)	Geestemünder Herings- und Hochseefischerei A.-G., Geestemünde	
	Gruppe 57	24—25
	Gruppe 60	69
20)	J. Junge, Schiffswerft, Wewelsfleth bei Glückstadt a. E. (Gruppe 57)	25—29
21)	„Delphin", Schiffswerft, Bremerhaven-Lehe (Gr. 57)	29—30
22)	Fr. Lürssen, Bootswerft, Aumund-Vegesack (Gr. 57)	30
23)	K. Reepen, Konsul, Bremerhaven (Gr. 57)	31
24)	Friedrich Knaack, Oelzeugfabrik, Stettin (Gr. 57)	31

Inhaltsübersicht.

		Seite
25)	Hans Schroedter, K. Biese, K. Langheim, Fr. Lissmann, Kunstmaler, Karlsruhe (Gr. 57)	31
26)	C. O. Mathaei, Hamburg, F. Kallmorgen, Berlin, und die Vorgenannten (Gr. 57)	31
27)	A. Siegfried, Seemooshandlung, Büsum (Gruppe 58)	32
28)	J. C. Schmidt, Kunst- und Handelsgärtnerei, Erfurt (Gr. 58) . .	32
29)	Deutscher Samariter-Verein, Kiel (Gruppe 59)	49—50
30)	Königl. Preuss. Kommission zur wissenschaftlichen Erforschung deutscher Meere, Kiel (Gr. 59)	50—54
31)	Königl. Preuss. Biologische Anstalt, Helgoland (Gr. 59) . . .	55—59
32)	Deutsche wissenschaftliche Kommission für die internationale Meeresforschung, Hannover, Helgoland, Kiel (Gr. 59) . .	59—62
33)	Deutsche evangelische Seemannsmission, Bremerhaven (Gr. 59) .	62—63
34)	Duge, Königl. Hafenmeister, Geestemünde (Gr. 59)	63
35)	Wilhelm Pellegrini, Fabrik plastischer Kunstgegenstände, Chemnitz (Gr. 59)	63
36)	J. Lindenberger, Engros-Fischhandlung, Berlin C. (Gr. 59) . .	63—64
37)	C. G. Kuhnert & Söhne, Hamburg, Gruppe 59	64
	Gruppe 60	65
38)	J. Langer, Apotheker, Geestemünde (Gruppe 59)	64
39)	Lipsius & Fischer, Buch- und Kunsthandlung, Kiel (Gr. 59) . .	64
40)	Verein der Fischindustriellen Deutschlands, Altona a. E. (Gruppe 60)	65
41)	B. Geissler, Blechemballagenfabrik, Altona-Ottensen (Gr. 60) .	65
42)	Karges & Hammer, Maschinenfabrik, Braunschweig (Gr. 60) . .	66—67
43)	Karl Kneusel, Maschinenfabrik, Zeulenroda (Gr. 60)	68
44)	Fr. Kohlenberg, Seefischgrosshandlung, Geestemünde (Gr. 60) .	69
45)	Gust. Meyer, Fischgrosshandlung, Geestemünde (Gr. 60) . . .	69
46)	Claus Siegfried, Krabbenkonservenfabrik, Büsum (Gr. 60) . . .	69
47)	Geestemünder Herings- und Hochseefischerei, A.-G. zu Geestemünde. Direktor: Edwin Richardson. (Gruppe 60)	70
48)	Triton-Werke H. Hartje, Fischkonservenfabrik, Geestemünde (Gr.60)	70
49)	Erste Deutsche Dampf-Lebertranfabrik Oscar Neynaber & Co., Geestemünde (Gr. 60)	70—71
50)	Geestemünder Fischmehlfabrik, Geestemünde (Gr. 60)	72
51)	Johannes Witte, Misdroy i. Pommern (Gr. 60)	73
52)	Prof. Dr. Franz Lehmann, Göttingen (Gr. 60)	73—75

Gruppe 57.	Materialien und Maschinen für Fischerei	1—31
Gruppe 58.	Korallen und Schwämme, Perlen, Perlmutter	32
Gruppe 59.	Wasserwirtschaft, Fischzucht, Austernzucht	33—64
Gruppe 60.	Fische und andere lebende oder konservierte Wassertiere, Fischöle etc.	65—75

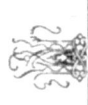

Gruppe 57.

Materialien u. Maschinen für Fischerei

Deutscher Seefischerei-Verein, Berlin-Hannover.

1. Nordseegebiet.

Vitrine, darstellend die **Schleppnetzfischerei** mit einem Fischdampfer und die **Grosse Heringsfischerei** in der Nordsee.

a. Modell 1:50 des Fischdampfers „Neptun", S. D. 17, von Altona. Das Schiff ist im Original ca. 35 m lang, 6,6 m breit, hat 503,6 cbm brutto Raumgehalt. — Das Schiff ist 1904 gebaut. Es führt jederseits 2 Galgen für das Aussetzen der Scheerbretter und des grossen Netzes. An Deck sind zu beachten das gedeckte Steuerhaus, die grosse Winde für die Ausübung der Schleppnetzfischerei, die „Könige" für die Trossenleitung, die gedeckte Back mit Wellenbrecher, sowie hinten mehrere Fässer für die Lebern der Fische (Trangewinnung). — Beachtenswert ist ferner der Brunnenkiel und die seitlichen Schlingerkiele.

Der Dampfer zieht das grosse Grundschleppnetz (Trawl) über den Meeresboden. Das Netz wird durch Scheerbretter geöffnet gehalten.

b. Vegesacker Heringslogger mit Hülfsmaschine. Modell. Masstab 1:50. — Das Fahrzeug ist $27^{3/4}$ m lang, 6,52 m breit und hat einen Raumgehalt von 366,4 cbm. Es kann 620 Heringsfässer aufnehmen. Die Hülfsmaschine hat 75 ind. Pferdestärken.

Das Fahrzeug hat die ebenfalls genau im Masstab 1 : 50 hergestellte „Fleet" ausgesetzt. Eine „Fleet" besteht aus 90—150 einzelnen Heringsnetzen, welche miteinander verbunden sind und wie ein Vorhang im Wasser schweben. Sie werden durch eine mit Korkstücken besetzte Leine dicht über den Netzen und durch Holztönnchen getragen, welche an der Wasseroberfläche schwimmen. Die Netzfleet ist mit dem Schiff durch ein mächtiges Tau („Fischreep") verbunden, welches bei den deutschen und holländischen Netzen so über den Netzen hinzieht, wie es das Modell zeigt. Die Netzwand ist 15 m tief und steht mit ihrem Oberrande etwa 15 m unter der Wasseroberfläche.

Vitrine, enthaltend eine Darstellung der **Garneelen- und Seemoos-Fischerei** im deutschen Küstengebiet der Nordsee. Modelle 1:24.

a. Der Kutter „Forelle" S. H. 3984, beheimatet in Büsum, mit 2 Mann Besatzung, etwa 13 m über Deck lang, 5 m breit, Tiefgang ca. 1 m, fischt auf Garneelen mit einer Garneelenkurre, d. i. ein durch einen Baum offengehaltenes Schleppnetz.

Die Garneelen werden sogleich an Bord gekocht, nachdem die kleinen durch Sieben entfernt sind.

b. Das Boot, einmastig mit Rahsegel und kleiner Fock segelnd, mit Mittelschwert, ist ausgerüstet für Seemoosfischerei. Das Seemoos wird mit einer mit Stacheldraht umwickelten Kette gefischt.

Die Verwendung des Seemooses ist an anderer Stelle auf der Ausstellung zu sehen.

Vollmodell eines Heringsloggers.

Fahrzeug zur grossen Heringsfischerei dienend, 23,7 m lang, 6,16 m tief, von Holz 1896 gebaut, in Glückstadt a. E. beheimatet („Roche". — G. S. 9.).

Vitrine, darstellend die **Wurfnetzfischerei** auf der Elbe.
Das Wurfnetz wird von dem zugehörigen Boote mit Hülfe eines vorn oder hinten vom Boot über das Wasser ragenden Balkens in kräftigem Schwung ausgeworfen, sodass es ausgebreitet zu Boden sinkt. Durch Anziehen der Leine schliesst es sich hier, indem es nach der Mitte zu zusammenschnurrt. Das geschlossene Netz wird nun hochgezogen und mit einem kleinen gestielten Netz (Ketscher) entleert.

Modelle von zwei Schaluppen der ostfriesischen Küste (Carolinensiel).

Die Fahrzeuge dienen zur Angelfischerei auf Schellfisch und Kabliau vor der deutschen Nordseeküste. Sie sind aus Eichenholz gebaut, im Original $12^{1}/_{2}$ m lang, $3^{3}/_{4}$ m breit und haben zwei Masten. Die Besatzung besteht aus 3—4 Mann, welche die mit 3—4000 Angelhaken besetzten Langleinen bearbeiten. Die Angeln sind mit Würmern, Granat oder Fischen beködert.

Ein „**Back Want**", d. h. eine Langleine mit 300 Angeln zum Schellfischfang, in einer Back (Balge) liegend. Gebraucht in Norderney an Bord der Angelschalupen. Natürliche Grösse.

Zwei **Krabbenhamen**, aus einem Holzbügel mit Sacknetz und Stiel zum Schieben bestehend. Natürliche Grösse.

5 Aalharken, in verschiedener Grösse.

Verschiedene **Stecheisen** (Elger) für Aalfang.

Konstruktionszeichnung und Riss des Fischkutters „Louis und Emma"
aus Finkenwärder, erbaut zu Finkenwärder im Jahre 1899, mit einem Petroleummotor von 16 HP und Hülfsschraube versehen im Jahre 1903 zu Frederikshavn in Jütland.

Konstruktionszeichnung und Riss des Fischkutters „Albatross"
aus Finkenwärder, erbaut zu Wewelsfleth 1880, mit einem Petroleummotor von 12 HP und Hülfsschraube versehen im Jahre 1903 zu Frederikshavn in Jütland.

Konstruktionszeichnung und Riss des Fischerewers „Maria" aus Finkenwärder, erbaut im Jahre 1879 zu Wewelsfleth, mit einem Petroleummotor von 8 HP und Hülfsschraube versehen im Jahre 1903 zu Frederikshavn in Jütland.

Die Fischkutter „Louis und Emma" und „Albatross", sowie der Fischewer „Maria" nach Einbau der Motoren und Hülfsschrauben.

Die Einbauten geschahen auf Kosten und Gefahr des Deutschen Seefischerei-Vereins. Die drei Fahrzeuge fingen, nachdem sie Motoren und Hülfsschrauben erhalten hatten, $1^{1}/_{4}$ Jahr lang für den Deutschen Seefischerei-Verein. Darauf gingen die Ein- und Umbauten vertragsmässig durch Verkauf an die Eigner über.

Zweck des Unternehmens war die Einführung der Motoren mit Hülfsschrauben in den Kleinbetrieb der unterelbischen See- und Küstenfischerei.

Die drei Motore sind von dem dänischen System „Alpha" der Aktiengesellschaft „Frederikshavns Eisengiesserei und Maschinenfabrik" zu Frederikshavn.

Logis für die Besatzung eines Seefischer-Ewers, der vor 50 Jahren erbaut wurde und in Finkenwärder an der Unterelbe heimisch war. (Natürliche Grösse.)

Die Kajüte liegt im Vorschiff vor dem Grossmast und dient als Aufenthalts-, Ess- und Schlafraum für die aus 3 Mann bestehende Besatzung des Ewers, einschliesslich des Schiffsführers. Sein Licht erhält der Raum durch das Scheilicht (Skylight), unter dem sich ein zusammenklappbarer Tisch befindet. An Backbord- und Steuerbordseite, sowie der Türe gegenüber sind Bänke angebracht. An einer Seitenwand befindet sich die mit Blech ausgeschlagene Kombüse (Kochstätte), deren Schornstein auf Deck führt und dort je nach der Richtung des Windes gedreht werden kann. Ein Kupferkessel in der Kombüse zur Bereitung der Getränke und eine Knüpfvorrichtung für Netze gehören ebenfalls stets zum Inventar einer solchen Kajüte. — Die eine der zum Schlafen dienenden Wandkojen zeigt die übliche Ausstattung.

Kajüte und Mannschaftslogis des im Jahre 1906 auf der „Neuen Werft" G. m. b. H., Direktor Jacobsen, zu Neumühlen bei Kiel erbauten Hochseefischerei-Kutters „Präsident Herwig". Siehe Seite 16.

Der Kutter ist in Blankenese an der Unterelbe heimisch. Die Räume sind in natürlicher Grösse gebaut. Sie liegen im Vorschiff vor dem Grossmast.

Die Kajüte liegt an der Backbordseite und ist mit dem Korridor durch eine Schiebetür verbunden. Die Schotten und die Schottenbekleidungen bestehen aus polierten Mahagonirahmen mit Ahornfüllungen. Deckwegerung und Balkenverkleidung bestehen aus weiss lackiertem Föhrenholz. Der Fussboden ist mit Linoleum belegt. Die ausziehbare Koje für den Kapitän ist mit einer Sprungfedermatratze versehen. Unter der Koje befinden sich Schubladen. Ein Schlafsofa mit Rücklehne, ein Sofa vor der Koje, ein Schreibtisch, ein Waschtisch und mehrere Schränke vervollständigen die Einrichtung.

Das Mannschaftslogis enthält drei Kojen mit verschliessbaren Schiebetüren, unter den Kojen befinden sich Schubladen. Die Schotten aus Föhrenholz sind eichenartig gestrichen, Deckwegerung und Balkenverkleidung sind weiss lackiert. Der Fussboden ist mit Linoleum belegt. Kastenbänke, Tisch, Schränke und Regale vervollständigen die Einrichtung.

Im Korridor befinden sich Schränke und eine Kastenbank für Laternen.

Sieben Bilder zur Garneelenfischerei an der ostfriesischen **Küste Deutschlands**, welche folgendes darstellen:

a. Ausfahrt zum Fang mit Schiebehamen;

b. Fangplatz auf dem Geesterücken zwischen Daugast und Wilhelmshaven. Man sieht mehrere Reihen von Fangkörben;

c. Drei Reihen aufgestellter Fangkörbe. Ein Krabbenfischer entleert den hinteren Teil eines Fangkorbes in einen Sammelkorb. Fangkörbe von vorne gesehen;

d. **Eine Reihe von Fangkörben.** Entleeren der Körbe, diese von rückwärts gesehen;

e. **Reinigen des Fanges durch Sieben** gleich nach dem Entleeren der Körbe;

f. **Der Fang wird am Lande in einen Schuppen gebracht.**

g. **Drei Krabbenfischer-Fahrzeuge im Hafen.** Diese betreiben den Krabbenfang mit Schleppnetzen (sogen. Krabbenkurren), welche das Bild an den Masten zum Trocknen hochgezogen zeigt.

2. Ostseegebiet.

Vitrine, darstellend die **Fischerei mit der Scheerbrettzeese.** Modell 1:50.

a. Modell eines Sohlbootes der hinterpommerschen Küste, mit der Scheerbrettzeese fischend. 1:50.

Das Sohlboot ist ein gedecktes Plattboot mit Mittelschwert, und trägt die Zeichen Kol. Nr. 40. Es führt 2 Mann Besatzung. Der platte Boden dient dazu, dass die Boote leichter auf den Strand laufen können, als die mit Kiel versehenen Kutter. Das Boot zieht die Scheerbrettzeese, welche ebenfalls genau im Massstab 1:50 gebaut ist, über Grund. Die Scheerbretter sitzen hier im Gegensatz zu der Einrichtung in der Nordsee, weitab von der Netzmündung und sind mit dieser durch lange Leinen verbunden, die zum Scheuchen der Fische kleine Strohbündel tragen. Die Zeese hat Maschen von ca. 34 mm von Knoten zu Knoten, hat im Netzsack eine Kehle und seitlich von der Oeffnung einen 50—60 cm langen Stab.

Die Einzelheiten, wie das Netz mit dem Boot verbunden ist, können aus dem Modell ersehen werden.

b. In der Vitrine ist ferner noch ein Kutter im Masstab 1:50 dargestellt, wie er von der pommerschen Küste aus zum Fang von Lachs und Hering mit Treibnetzen gebraucht wird.

Seefischerei.

Ein Zeesenboot von der Ostsee (Stralsund). Modell 1:24.

Das Boot fischt mit der Zeese, d. h. einem Netzsack, welcher entweder Netzflügel hat oder ohne solche von dem quer zum Winde treibenden Fahrzeuge über den Boden geschleppt wird. Die Netzenden sind mit Tauen an langen Bäumen befestigt, welche vorn und hinten über das Boot hinausgeschoben werden. Das Schiff führt einen durchlöcherten Wasserbehälter in der Mitte. Besatzung zwei Mann.

Modell einer Eckernförder Quase mit Motor und Hülfsschraube. Masstab 1:15.

Das von Schiffsbaumeister Glasau in Eckernförde hergestellte, voll getakelte Modell stellt einen an der Ostküste von Schleswig-Holstein beliebten Fangfahrzeug-Typus dar. Länge 10,5 m, grösste Breite 3,8 m, Tiefe 1,32 m. Bünn: 2,8 m lang und 0,5 m tief. Petroleummotor der Kieler Maschinenbau-Aktiengesellschaft vormals C. Daenel in Kiel von 6 indizierten Pferdestärken. Fanggeräte: Buttwade, sowie Herings- und Sprottennetze. Besatzung 3 Mann.

Modell eines Fischerbootes von Eckernförde (Schleswig).

Zwei solcher Böte, welche je etwa $9^1/_2$ m lang sind, fischen zusammen mit einer „Waade", d. h. einem mit Sack und Flügeln versehenen Zugnetz. Das im Kreise ausgefahrene Netz wird von den verankerten Booten mit einer horizontal liegenden Winde eingeholt und die Fische in das Boot entleert.

Braddenkahn, Modell im Masstab 1:10, ein Fangfahrzeug des Kurischen Haffs, durch die eigentümliche, aus alter Zeit erhaltene Bauart merkwürdig. Fängt mit verschiedenen Arten von Schleppnetzen, besonders mit dem Braddengarn im Kurischen Haff. Die Keitelkähne, durch Modernisierung der Takelage etwas verändert, sind den Braddenkähnen ähnlich.

Windstander der Bradden- und Keitelkähne des Kurischen Haffs.

Die Windstander der Bradden- und Keitelkähne des Kurischen Haffs sind ebenso interessant wie malerisch. Unter den vier ausgestellten Standern gehört je einer zu einem Kahn aus **Nidden**, **Rossitten**, **Preil** und **Perwelk**, alles Fischerdörfer auf der kurischen Nehrung. Die Form der Stander ist alt; über ihre Herstammung und über die Bedeutung der Schnitzereien weiss man nichts.

Lachsangel, gebräuchlich an der Küste von Hinterpommern und Westpreussen in der Ostsee.

Die Angel besteht aus:

a. dem geteerten Ankertau aus Jute, 3 Garn stark, 1,7 cm Umfang, an der hinterpommerschen Küste 20 bis 25 Faden (36 bis 45 m); an der westpreussischen Küste (Hela) 50 bis 70 Faden (90 bis 126 m) lang,

b. dem 12 kg schweren Ankerstein,

c. der Holzkobbe (Boje) zum Tragen von Ankertau und Langleine,

d. der Glasplatte, welche als weiterer Träger von Ankertau und Leine dient, wenn die Tragkraft der Kobbe auf grossen Tiefen nicht ausreicht,

e. der geteerten Lengleine (Angelleine) aus Baumwolle, 3 Garn stark, von 0,9 m Umfang, ohne Vorlauf 29 m, mit 9 Korkflössen, Bleilot und Angelhaken versehen.

Die Ausrüstung eines Kutters oder grösseren Bootes besteht aus 300 Angeln. Da jede Angel 3,56 M. kostet, betragen die Kosten der ganzen Angelausrüstung 1068 M.

Die Angeln werden in 7 bis 30 Seemeilen Abstand von der Küste ausgelegt.

Sie liegen in der Regel von November bis Mai.

Beim Aufnehmen werden die Ankertaue gekappt; die Steine bleiben also liegen.

Heringsreuse (Bundgarn) von der Ostsee. — Modell.

Das Bundgarn besteht aus einem oft sehr langen Leitgarn, welches senkrecht zum Ufer steht und seewärts in die Reusenkammern führt. Oft sind noch Flügel vorhanden. Die Fische schwimmen an den Leitgarnen und Flügeln entlang und sammeln sich schliesslich in der Endkammer, aus der sie herausgeschöpft werden. — Es werden in den Reusen Heringe, aber auch andere Fische, wie Hornfische, Hechte und Lachse gefangen. — Die Reusen sind an Pfählen befestigt oder verankert, und ragen etwas aus dem Wasser, damit die Fische nicht herausspringen können.

Daneben: Dorschreuse mit Leitnetz.

Einige an Bord Sr. Maj. Schiff „Olga" auf der Reise in das Nordpolarmeer im Jahre 1898 benutzte Geräte; nämlich:

Wal-Harpune, Speckmesser, Flensmesser, | für Bearbeitung des
    Bartenspaten, Lanzen, | toten Wales,
Heringsnetze, Haiangeln, Handharpunen, Dredgen.

Museum der Stadt Altona.

Längsschnitt eines Heringsloggers, Modell 1 : 12.

Man sieht die inneren Räume des Schiffes. Vorn liegt die Mannschaftskajüte. Den grössten Teil nehmen die Räume ein, in denen die Heringsfässer gelagert werden. Sie werden auf See mit gesalzenen Heringen gefüllt. Es folgen dann zwei grössere Räume für die Treibnetze und für das Tauwerk. Dann kommt die kleine Maschine, die die Netze einzieht, zum Schluss die Kapitänskajüte.

Halbmodell eines Pfahlewers. (Vom Jahre 1800.)

Die Pfahlewer wurden vor 100 Jahren zur Seefischerei vor der Elbe benutzt. Sie waren nicht voll gedeckt, hatten einen umlegbaren Mast mit grossem Rahsegel. Die Schiffe hatten einen fast völlig platten Boden, für den fehlenden Kiel aber Seitenschwerter.

Halbmodell eines Hochseefischkutters. (Vom Jahre 1900.)

Der Kutter zeigt im Gegensatz zu dem ebenfalls ausgestellten Pfahlewer die moderne Form der Segelfischerfahrzeuge der Elbe. Sie sind voll gedeckt, haben zwei volle Masten und Gaffelsegel. Die Besatzung beträgt 3 Mann.

Der Deutsche Seefischerei-Verein ist damit beschäftigt, wesentlich seetüchtigere Fahrzeuge bauen zu lassen. Man vergleiche den Jacobsonschen Kutter (s. S. 15) auf der Ausstellung.

Krabbenfischerei mit Schiebenetz im Küstengebiet der Nordsee, farbige Abbildung.

Blankeneser Fischerhaus aus dem Ende des 18. Jahrhunderts.

Es ist ein Doppelhaus, der Wohnraum für 2 Familien mit gemeinschaftlicher grosser Diele und Küche. An der mit Giebeln geschmückten Vorderseite liegt die „Blangdör", die Doppeltür nach der Küche, in der links und rechts die alten, mit Rauchfang und Schornstein versehenen Herde, deren Rauch also nicht wie beim Sachsenhause frei über die Diele zieht. An die mit „Rotsteinen" gepflasterte gemeinschaftliche Küche setzt sich rechtwinklig die grosse Diele an, auf der die Frauen Garn spannen, während die Männer die Netze zum Fischfang knüpften, hier standen auch die grossen bunten mit Eisen beschlagenen Truhen. Die Diele („Deel") hatte nach hinten zu noch einen zwar nicht abgeteilten, aber mit Fenstern versehenen Raum. Neben ihm liegt die Haustür. Von der Diele führen zwei Stufen zu der eigentlichen Wohnstube. Eine Treppe führt seitlich zu dem oberen Gemach. Das Haus zeigt in seinem Aeusseren wie in seiner Konstruktion des Daches eine unverkennbare Aehnlichkeit mit den friesischen Häusern der holsteinischen Westküste, und steht im Gegensatz zu den Bauernhäusern der umgebenden Landschaft.

Fischerhaus aus Gothmund an der unteren Trave im Landgebiet Lübecks.

Die Diele hat dem Haupteingang gegenüber den Herd, und neben dem Herde den grossen Trog zum Lohen der Netze. Neben

Seefischerei. 11

dem Herde führt eine Tür in den Wohnraum, eine zweite Tür auf den überdachten und von einer Säule getragenen Vorplatz. Rechts neben der Diele liegen zwei Wohnräume. Das Dach ist an zwei Seiten über die Mauer hinausgezogen und wird durch eine Säule gestützt. Der so geschützte Platz wird zum Trocknen der Netze, Aufbewahren der Holzgeräte gebraucht.

Gothmund ist ein alter Ort, der schon im 16. Jahrhundert erwähnt wird. Vor ca. 30 Jahren zerstörte eine Feuersbrunst den grössten Teil des Dorfes, und nur wenige, hart am Ufer der Trave gelegene Fischerhütten blieben stehen.

Museum vaterländischer Altertümer zu Kiel, Direktor Fräulein Professor Johanna Messtorf in Kiel.

Modell eines **Bootes aus der Zeit der Völkerwanderung**, gefunden im Nydam-Moor auf der Insel Alsen, Masstab 1:6. Das Boot steht in dem eben erwähnten Museum, woselbst sich auch die in demselben gefundenen Waffen, Münzen, Netze u. s. w. befinden. Es hat 23 m Länge über Steven, 3,3 m grösste Breite und 2,28 m Höhe an den Enden. Bemerkenswert ist besonders, dass die Spanten mit den Planken durch Nähungen verbunden sind; die zu dem Zweck an den Planken befindlichen Holzklampen sind aus dem vollen Holz der Planken herausgearbeitet. Die Planken sind untereinander durch eiserne Klinknägel verbunden.

J. H. Mewes und von Eitzen, Tauwerk- und Netzfabrik zu Altona a. E.

Modell einer **Snurrwade,**
,, eines **Baumschleppnetzes,**
,, eines **Scheernetzes,**
,, eines **Baumschleppnetzes** für Segler,
,, eines **Ankerhamens,**
,, eines **Heringsnetzes,** System Henking und Mewes.

Bremer Tauwerk-Fabrik, Grohn-Vegesack

Vollständige Kollektion aller bei der Seefischerei nötigen **Tauwerkarten** in einem Schrank.

Tauwerk für Schiffs- und Fischereizwecke.

Ein Bild der **Fabrik**.

Norddeutsche Netzwerke, G. m. b. H., Itzehoe.

Netzmaschine mit 600 Schiffchen, 5 m lang. Auf den Netzmaschinen lassen sich Netze aus Baumwolle, Hanf, Flachs und Seide fabrizieren, und zwar in beliebiger Garnstärke von den feinsten bis zu 3 mm starken Fäden, sowie in jeder Maschenweite, von 7 mm bis 100 mm. Unsere Maschinen haben wir in 5 Grundtypen eingeteilt, von denen einzelne wieder in verschiedenen Ausführungen konstruiert sind. Jedes Modell ist für eine besondere Gruppe von Netzen geeignet, jedoch ist die Zahl der Garnstärken und Maschenweiten, welche sich auf einer Maschine arbeiten lassen, eine sehr grosse, sodass die einzelnen Gruppen sehr weit ineinander hinübergreifen.

Die Netzmaschine des grossen Modells ist infolge ihrer aussergewöhnlichen Breite nur für Kraftbetrieb geeignet; sie erfordert $3/4 - 1\frac{1}{2}$ HP.

Das Gewicht beträgt etwa 4000 Ko. und an Platz gebraucht die Netzmaschine etwa 6 m in der Länge und 3 m in der Breite inkl. Raum für die Arbeiterin. Auf Wunsch liefern wir die Maschine auch in jeder anderen Breite.

Rohe und imprägnierte **Netze** aller Art.

Netzgarne roh und imprägniert.

„Nordstern", Aktien-Gesellschaft in Geestemünde.

Halbmodelle der Fischdampfer „Komet" und „Auguste".

Beide Schiffe sind für die Gesellschaft „Nordstern" auf der Werft von Joh. C. Teklenborg, A.-G., gebaut und ihre Abmessungen und Einrichtungen so gewählt, dass sie sowohl für die Grundschleppnetzfischerei in der Nordsee, als bei Island Verwendung finden können.

Photographien der Fischdampfer „Sonne" und „Mond".

Die Dampfer sind für die Fischerei in der Nordsee bestimmt.

Oelgemälde: der Fischdampfer „Nordstern" unter Island fischend, vom Marinemaler Giebel angefertigt.

Der Dampfer „Nordstern" stellt den grössten Fischdampfertyp dar und ist besonders für die Fahrt nach Island und dem Atlantischen Ozean eingerichtet.

Photographie der **Betriebsanlage am Fischereihafen zu Geestemünde.**

In dem Gebäude sind die Betriebsmaterialien für die Dampfer der Gesellschaft, eine Netzmacherei, eine Schmiede und Schlosserei untergebracht. Die Verwaltung hat ihre Kontorräume in demselben. Vor der Tür liegt das Kohlenlager und unmittelbar anschliessend die Kaje des Hafens, wo die Dampfer zur Ausrüstung anlegen.

Proben vom Grundschleppnetz, hergestellt in der Netzmacherei der Gesellschaft.

Die Proben zeigen die verschiedenen Stärken des Netzes und die Art der Herstellung. Diese Art der Netzstrickerei ist lediglich Handarbeit und gibt es dafür noch keine Maschinen. Die Form des Netzes bedingt einen vielfachen Wechsel der Zahl und Grösse der Maschen, so dass grössere, gleichmässig gearbeitete Stücke, wie sie eine Maschine liefern könnte, kaum verwendet werden können.

Kapitän Backhaus, Blankenese.

Fischerei-Karte der Nordsee, nach eigenen Erfahrungen und Beobachtungen.

Fangjournale der von Kapitän Backhaus geführten Fischdampfer für die Jahre 1897—1905, mit genauen Analysen der Fänge.

Bremen-Vegesacker Fischerei-Gesellschaft
zu Grohn-Vegesack bei Bremen.

Die Gesellschaft betreibt mit 1½ Millionen Mark Aktienkapital den Heringsfang in der Nordsee mit Loggern; jeder Logger ist mit 96 bis 120 Netzen ausgerüstet und hat 14 bis 16 Mann Besatzung. — In 1905 betrug der Fang 50 000 Tonnen (Seepackung) Heringe im Werte von 1 330 000 Mark. In 1906 beschäftigt die Gesellschaft 35 eigene Schiffe, davon 11 mit Hülfsdampfmaschine, alle Schiffe sind aus Stahl gebaut.

Eine Tabelle der Entwicklung der Gesellschaft.

	Anzahl der Schiffe	Totalfang Heringe in Kantjes à 150 kg	Geldwert in Mark	Geldwert in Lire	Gesamtzahl der am Lande u. auf d. Schiffen beschäftigten Personen
1895	4	3 650	76 000	95 000	80
1896	13	10 950	216 000	270 000	210
1897	14	8 800	240 000	300 000	230
1898	14	18 750	368 000	460 000	250
1899	20	11 200	374 000	467 000	330
1900	20	17 900	510 000	637 000	350
1901	23	29 000	666 000	832 000	400
1902	25	37 000	931 000	1 164 000	440
1903	28	48 800	955 000	1 194 000	490
1904	32	58 300	1 070 000	1 337 000	560
1905	32	—	—	—	560
1906	34	—	—	—	600

Ein Grundriss der Platzanlagen.

Ein Vollmodell 1:50 eines **Segelloggers** mit zum Fischen niedergelegtem Hauptmast. Das Modell befindet sich in der Vitrine der Dampferfischerei und der Grossen Heringsfischerei.

Heringslogger mit Hülfsmaschine. Ein Vollmodell 1:50.

Ein poliertes Eichenbrett mit Kehlleistenumrahmung. Auf diesem Brett sind montiert folgende in der **Heringsfischerei gebräuchlichen Gegenstände**:

a. Zwei **Kaakmesser** (zum Schlachten der Heringe).

b. Zwei **Staalenhaken** (zum Lösen der das Netz mit dem Speerreep verbindenden Staalen).

c. Zwei **Ritzeisen** (zum Markieren der Tonnen an Bord und in der Packerei).

d. Zwei **Netznadeln** (zum Flicken der Netze).

e. Zwei **Blaspfeifen** (zum Einblasen von Luft durch ein Bohrloch in die Tonnen, um zu untersuchen, ob diese dicht sind).

Zwei komplete **Heringsnetze mit Fischreep** für ein Netz und zwei **Netzbojen** und eine **Flaggenboje**.

Ein **Flackerfeuer** (wie auf Heringsloggern gebräuchlich).

Eine **Warback mit kleiner Salzschaufel** (dient zum Durchrühren der Heringe mit Salz, bevor sie in die Tonnen verpackt werden).

Ein **Trappboden** (dient zum Zusammenpressen der Heringe in den Tonnen).

Ein **Stolpdeckel** (dient zum Abdecken mit Heringen gefüllter Tonnen an Deck).

Ein **rundes Schöpfnetz** mit Stiel (Ketscher).

Ein **viereckiges Schöpfnetz** mit Stiel (zum Herausholen der Heringe aus dem Stauraum).

Ein Satz **Heringstonnen**, $1/1$, $1/4$, $1/4$, $1/8$, $1/16$, $1/32$, $1/64$.

Ein Bündel mit 6 Stück zylindrisch gesägten **Fassdauben** aus amerikanischem Eichenholz zur Herstellung von Heringstonnen.

Ein **Oxhoftstab**, amerikanische Eiche, aus welchem das Holz für die Netzbojen gespalten wird.

Behr's Industrie-Gesellschaft mit beschränkter Haftung, Hamburg, Brauerhof 1.

Leinen-Wurfgewehr für Rettung aus Seenot. Patente in allen Kulturstaaten.

Dasselbe dient zum Werfen einer Leine, um eine Verbindung von Schiff zu Schiff oder mit dem Lande herzustellen.

Zum Leinen-Wurfgewehr gehören:

a. **Behr's Wurfrakete**: Dieselbe liegt fertig geladen in einer 35 mm Patronenhülse und sollte sich stets, zum Abschiessen bereit, im ungespannten Gewehr befinden.

b. **Behr's Wurfring**: An diesem Ring wird die Leine befestigt; alsdann wird er auf die Mündung des Wurfgewehres geschoben und samt der Leine von der Wurfrakete ans Ziel getragen.

c. **Die Leinentrommel** liegt in einem Schutzkasten und enthält die auf einer Walze aufgewickelte Wurfleine.

d. **Leinen** von $2^{1}/_{2}$ mm Stärke werden bei einer Ladung von 8 gr Schwarzpulver über 200 m, und solche von 5 mm Stärke über 100 m weit geworfen, wobei man das Gewehr fest, aber bequem, in die Schulter einsetzt.

Behr's Nachtsignal-Apparat. Zur Verständigung von Schiff zu Schiff, von Land zu Schiff oder umgekehrt bei Nachtzeiten.

Heinrich Fröbel Nachfolger, Holosteric-Barometer-Fabrik zu Hamburg, Karolinenstrasse 3.

Barometer. Die Instrumente sind mit Holzrahmen zum Aufhängen versehen und zum Gebrauch an Bord von Fischereifahrzeugen gut geeignet.

J. Jacobsen, Direktor der „Neuen Werft" zu Neumühlen bei Kiel.

Hochsee-Motor-Fischkutter „Präsident Herwig".

Vollmodell im Masstab 1 : 50.

Halbblockmodell im Masstab 1 : 25.

Längenschnittmodell im Masstab 1 : 25.

Alle drei angekauft vom Deutschen Seefischerei-Verein. Siehe die Kajüte des Schiffs in natürlicher Grösse auf der Ausstellung (Seite 5).

Die Konstruktion ist zum Musterschutz angemeldet.

Baumaterial: Flusseisen (Stahl).

Grösste Länge 24,95 m, Länge in der Wasserlinie 19,5 m, Breite auf Spanten 5,7 m, Seitenhöhe 3,75 m, Tiefgang 2,9 m. Der Kutter hat die Klasse 100 A K (E) des Germanischen Lloyd und ist unter spezieller Aufsicht des Germanischen Lloyd gebaut.

Die Konstruktion der entleerbaren Bünn (Behälter zum Erhalten lebender Fische) ist zum Patent angemeldet.

Als in den letzten Jahren die Zahl der in schweren Stürmen mit Besatzung verschollenen unterelbischen Fischkutter und Ewer immer mehr stieg (im Jahre 1904/5 gingen elf Fahrzeuge verloren), entwarf Herr Jacobsen die Pläne des Kutters „Präsident Herwig". Er glaubte die Ursache der sich von Jahr zu Jahr mehrenden Verluste darin zu sehen, dass die durch den Betrieb mit Fischdampfern in ihrer Existenz hart bedrängten Segelfischer ihr ohnehin schon gefahrvolles Gewerbe nur dadurch lebensfähig zu erhalten vermochten, dass sie mehr und mehr das ganze Jahr dem Fange oblagen, während sie früher meistens in den sturmreichen Wintermonaten im sicheren Hafen auflagen. Der Anforderung, jedem, auch dem schwersten Wetter stand zu halten, waren aber die Fahrzeuge infolge ihrer Formen und Verbände, die heute noch fast genau so wie vor Jahrzehnten ausgeführt werden, nicht gewachsen.

Es mussten Fahrzeuge geschaffen werden, die sich den übrigen Erzeugnissen der so hoch entwickelten Schiffsbautechnik würdig an die Seite zu stellen vermochten.

Auch musste den Fahrzeugen grössere Geschwindigkeit gegeben werden, damit sie die Fangplätze schneller erreichen und die gemachten Fänge schneller an den Markt bringen konnten.

Der neue Kutter bricht, nach Ansicht des Konstrukteurs und Erbauers, mit allen in den bisherigen Fahrzeugen vorhandenen Fehlern und Mängeln.

Seine See- und Fangfähigkeit soll ihn fähig machen, sich bei den schwersten auflandigen Stürmen in der Nordsee von der Küste frei zu kreuzen und Fänge von solcher Grösse anzubringen, dass er mit den Fischdampfern in erfolgreichen Wettbewerb treten kann.

Der Petroleum-Motor ist von der Kieler Maschinenbau-Aktien-Gesellschaft, vormals C. Daevel in Kiel erbaut. Er leistet 16 effektive Pferdestärken und treibt:

    a. die Schraube mit umsteuerbaren Flügeln;
    b. die von Direktor Jacobsen konstruierte Netzwinde;
    c. das Ankerspill;
    d. eine Pumpe zum Lenzen des Schiffes und Waschen der Fische an Deck.

Heringslogger.

    Konstruktionszeichnung Masstab 1 : 50.
    Längenschnitt   „   1 : 50.
    Takelriss Masstab 1 : 100.
    Hauptspant   „   1 : 25.
    Baumaterial: Flusseisen (Stahl).
    Klasse 100 A̶4̶ K (E) des Germanischen Lloyd.

Als die alten Huker und Buisen, mit denen man bis zur Mitte des vergangenen Jahrhunderts die grosse Heringsfischerei von den Niederlanden aus betrieb, nicht mehr genügten, kaufte man in den Niederlanden die französischen Lugger (Lougre oder Chasse Marée) für den Betrieb an. Dann ersetzte man die Lougre-Takelung (mit Rutensegeln) durch Gaffeltakelung. Das ist der jetzige Heringsfänger in den Niederlanden und in Deutschland, der den Namen mit Unrecht trägt.

Direktor Jacobsen hat mit der vor fünf Jahrzehnten übernommenen Schiffsform, die er für veraltet und überholt hält, gebrochen und ein Schiff konstruiert, das

a. hinter dem Netz-Fleet viel weniger gieren soll als die alten Fangschiffe, weil der Bug viel weniger Seefang bietet;

b. weit besser segelt, also die Fangplätze viel schneller erreichen kann und die Fänge schneller anbringt, als die alten Schiffe;

c. ein besseres Seeschiff ist und besser manöveriert.

Der für das Fahrzeug in Aussicht genommene Motor ist ein Gardner-Petroleum-Motor mit magnet-elektrischer Zündung, der ohne Benutzung von Benzin angelassen werden kann. Derselbe treibt:

a. die Hülfsschraube mit verstellbaren Flügeln;
b. die Netzwinde;
c. das Ankerspill;
d. eine Pumpe zum Lenssen des Schiffes und Waschen der Fische an Deck.

Der Einbau einer Dampfmaschine von gleicher Stärke ist ebenfalls möglich.

Die Einrichtung ist so angeordnet, dass der Logger in kurzer Zeit und mit geringen Kosten in ein Fahrzeug mit Eisräumen für den Frischfischfang umgeändert werden kann, sodass derselbe während der für den Heringsfang nutzlosen Monate Dezember bis

Mai dem Frischfischfang obliegen kann, wodurch das in dem Logger angelegte Kapital nicht mehr fast die Hälfte des Jahres brach zu liegen braucht.

H. Luerssen, Klempnermeister, Bremerhaven.

Laternen für den Hochseefischereibetrieb, sturmsicher geprüft.

Zwei kupferne **Seiten-Laternen**, mit grüner und roter Vorsteckscheibe, von dem Fischdampfer während der Fahrt zu führen, mit einer Sichtbarkeit von 3 Seemeilen.

Eine kupferne **Topplaterne**, wird während der Fahrt nach und von den Fischgründen geführt und ist mindestens 5 Seemeilen sichtbar. Sie wirft einen weissen Schein über einen Bogen des Horizonts von 20 Strich.

Eine kupferne **Fisch-Topplaterne**. Dieselbe wird von den Dampfern benutzt, während sie ihr Netz schleppen. Diese Laterne ist mit roten und grünen Vorsteckscheiben versehen und dient dazu, in Ermangelung der Seiten-Laternen, welche beim Fischen nicht geführt werden dürfen, die Lage des Fischdampfers andern Schiffen kenntlich zu machen, gleichzeitig anzuzeigen, dass der Dampfer mit dem Grundschleppnetze fischt und daher nicht vollkommen manövrierfähig ist. Die rote nnd grüne Vorsteckscheibe kann herausgenommen werden, um die Laterne als zweite weisse Topplaterne zu benutzen im Fall ein Schiff geschleppt werden soll.

Eine kupferne **Anker-** bezw. **Notlaterne**. Wird, wenn der Dampfer zu Anker liegt, an einer gut sichtbaren Stelle des Vorderteiles gezeigt. Dieselbe wird, wenn der Dampfer fischt, mit der Fisch-Topplaterne zusammen an dem Vortopp gezeigt. Sie gibt ein weisses Licht nach allen Richtungen. Als **Notlaterne** benutzbar, wenn sie mit einem roten Einsatz versehen wird und hat dann den Zweck, mit einer zweiten Laterne zusammen gezeigt die Manövrierunfähigkeit des Schiffes anzuzeigen.

Eine messingene dreieckige **Decklaterne** zur Beleuchtung des Decks der Fischdampfer beim Ausnehmen der Fische bei Nacht. Dieselbe wird auch als Hecklaterne am hinteren Ende des Dampfers gezeigt, um zu verhüten, dass andere Fahrzeuge, welche schneller fahren als der Dampfer, denselben von hinten anrennen.

Eine messingene viereckige **Arbeitslaterne**. Dient zur Beleuchtung aller Arbeiten, welche bei Nacht an Bord des Dampfers verrichtet werden.

H. G. Cordes, Bremerhaven.

1 **Wurfgewehr** nebst Zubehör und **Leinenapparat**.

Modelle eines **Schiffsmörsers** nebst Leinenkasten mit Leine etc.

A. Baswitz, Berlin NW. 21. Alt-Moabit Nr. 91-92.

Rettungskörper für Schiffahrt.

Die von dieser Firma ausgestellten Rettungskörper sind mit Java-Kapok gefüllt, welche Masse nach den Feststellungen der Physikalisch-Technischen Reichsanstalt bis zum 38 fachen ihres Eigengewichts im Wasser trägt, Eisen als Masstab angenommen, während Kork höchstens das 5 fache des Eigengewichts zu tragen vermag. Die weiche Substanz des Kapok ergibt weiche, anschmiegende Körper von sehr geringem Gewicht, welche den Träger nicht belasten und ihm freie Bewegung gestatten. Die ausgestellten Formen zeigen in Wurfbojen die alte bekannte Ringform, ferner die offene Form, welche den Eingang in die Boje erleichtert, eine selbsttätig sich öffnende, zusammengeklappt aufhängbare Boje mit Netzkorb, einen Rettungsball und ein Sitzkissen für Sportboote und Hafenfahrzeuge.

Von den ausgestellten Rettungsgürteln ist die neue Form „Riviera" im zusammengelegten Zustande ein bequemes Kopfkissen. Der bei der Kaiserlich Deutschen Marine eingeführte Rettungsgürtel ist darauf berechnet, jegliche Arbeit mit angelegtem Rettungsgürtel ohne irgend welche Behinderung zu gestatten. Ein Rettungsgürtel zeigt die in den Vereinigten Staaten von Nordamerika vorgeschriebene Gurtausrüstung. Ein Rettungsgürtel ist speziell dem weiblichen Körper angepasst.

J. Gefken, Kapitän in Bremerhaven.
  Vollmodell des **Fischdampfers „Elsfleth".**

Nautisch-mechan. Präcisions-Werkstätte, Fr. Klüver Nachf., Inh.: Fr. Rosenbrock, Bremerhaven.

1 **Brücken-Steuer-Fluid-Kompass** mit Ständer und Nachthaus nebst Krängungsmesser (System Duge).

1 **Peil-Kompass,** oben auf dem Ruderhause anzubringen.

1 **Peilscheibe,** oben auf dem Ruderhause anzubringen.

1 **Steuer-Transparent-Kompass,** in dem Deck des Ruderhauses anzubringen, Laterne von unten einzuschieben. (Das Deck des Ruderhauses wird sichtlich dargestellt.)

1 **Steuer-Kompass,** komplet, für Heringslogger.

2 verschiedene **Steuer-Kompasse** für kleine Fahrzeuge, komplet.

1 **Boots-Kompass** mit kleinem Gehäuse.

2 verschiedene **Boots-Kompasse** im Kasten.

1 **Steuer-Fluid-Kompass** im Kasten, für kleine Fahrzeuge.

1 **Kajüts-Kompass** mit Träger.

1 **Lothmaschine** für Fischdampfer, komplet.

1 **Handlogge** mit Leine, Brett, Schütchen und Zwicke.

2 **Patent-Logge,** komplet.

2 **Oktanten** für Fischereifahrzeuge, im Kasten.

2 **Nachtgläser.**

1 **Barometer** und 1 **Uhr** im gleichen Rahmen.

2 verschiedene **Barometer**.

1 **Sprachrohr**.

1 **Nebelhorn**.

2 **Kompassrosen**, als Reserve (verschieden).

2 **Loggegläser**, 14 Sek., verschiedene.

1 **Fischtransportkanne**.

Franz Lidecke, Chronometer-Fabrikant in Geestemünde.

Eine **Sanduhr**, wie solche früher an Bord von den Schiffen als Zeitmesser dienten.

Neuester, fertiger **Marine-Chronometer**, eigenes Fabrikat; hat Schnecke, Federhemmung, Stahlspirale und Unruhe mit Hülfskompensation für Kälte.

Fertiger **Marine-Chronometer**, genau wie vorstehendes, nur hat es anstatt einer Kullbergschen Unruhe eine Nickelstahl-Unruhe. Das Werk ist, um das Innere besser zu veranschaulichen, mit dem Zifferblatt nach unten eingesetzt.

Eine sogenannte **Kullbergsche Unruhe** mit Hülfskompensation für Kälte.

Eine **Nickelstahl-Unruhe**.

Eine fertige, gehärtete **Chronometer-Spirale** mit isochromischen Endkurven.

Weicher **Spiraldraht** zur Anfertigung von Chronometer-Spiralen.

Chronometer-Rohwerk, nämlich:
    a. das Gestell,
    b. das Federhaus,
    c. die Schnecke,
    d. die Laufwerks- und Zeigerräder.

Zwei **Gangzeugnisse** von Chronometern vorstehender Firma, ausgestellt von der Kaiserlichen Seewarte in Hamburg.

Sechs **Schiffsuhren** verschiedener Art für Kajüte, Maschine etc.

Geestemünder Herings- und Hochseefischerei A.-G. in Geestemünde. Direktor Edw. Richardson.

Die Gesellschaft wurde im Jahre 1898 mit einem Kapital von M. 1 500 000 gegründet. Es wurden neun Dampfer gebaut, deren Aufgabe es sein sollte, dem Heringfange von Mai bis Dezember und dem Frischfischfange von Dezember bis Mai obzuliegen.

Im Laufe der Betriebsjahre wurden 4 Dampfer verloren, aber durch 4 neue ersetzt.

Im Laufe der Jahre wurden an Heringen gefangen:

1898 mit	5 Dampfern	6 000	handelsüblich gepackte Tonnen,		
1899 ,,	9 ,,	11 561	,,	,,	,,
1900 ,,	8 ,,	16 927	,,	,,	,,
1901 ,,	9 ,,	22 079	,,	,,	,,
1902 ,,	9 ,,	24 045	,,	,,	,,
1903 ,,	7 ,,	17 779	,,	,,	,,
1904 ,,	9 ,,	24 388	,,	,,	,,
1905 ,,	9 ,,	19 970	,,	,,	,,

zusammen 142 749 To. im Werte von M. 4 199 951,08;

an frischen Fischen:

1899 mit	4 Dampfern	10 030	Zentner,
1900 ,,	9 ,,	16 643	,,
1901 ,,	8 ,,	23 817	,,
1902 ,,	9 ,,	21 254	,,
1903 ,,	9 ,,	26 105	,,
1904 ,,	8 ,,	14 958	,,
1905 ,,	9 ,,	16 333	,,

zusammen 129 140 Zentner i. W. von M. 1 403 554,46.

Seefischerei. 25

Modell eines Fischdampfers, auf See fischend.

Die von einem Schiffe ausgesetzten Heringsnetze haben oft eine Länge von 5 km. Die Netze werden nur nachts ausgesetzt und morgens eingeholt. Die Mannschaft eines Heringsdampfers besteht aus 19 Mann, einschliesslich Kapitän. Sofort nach dem Einholen der Netze werden die gefangenen Heringe gekehlt, in Salz umgerührt und in Tonnen gelegt. An Land kommen sämtliche Heringe in einen Bottich und werden neu sortiert.

(Siehe auch die grosse Vitrine in der Ausstellung.)

Modell eines Heringstreibnetzes.

Ein Heringstreibnetz.

Verschiedene Photographien:

Betriebsanlage.
Ein Heringsdampfer, fertig zur Ausreise.
Aussetzen der Netze auf See.
Einholen der Netze auf See.
Tanen der Netze auf See.
Netzmacherei (Reparaturwerkstatt).
Packen und Sortieren der Heringe.

Fischjournal.

Schiffswerft J. Junge in Wewelsfleth bei Glückstadt a. E.

Werdegang der deutschen Hochseefischerei-Segelfahrzeuge von 1800 bis 1906 in 9 Modellen.

1) **Typ 1800.** Dimensionen: Länge ca. 17 m, Breite ca. 5 m, Tiefe ca. 1,5 m bis 1,6 m.

Takelung: einen Pfahlmast mit einem Rahsegel, ohne Bugspriet.
Fangart: Grundschleppnetz mit Baum.
Hauptfang: Plattfische, als Schollen, Steinbutt, Seezungen u. s. w.

Die Fische wurden in einen, im Schiffe fest eingebauten Fischbehälter, die sogenannte Bünn, der mit durchlöchertem Boden und Seitenwänden versehen war, eingesetzt und lebend an Land gebracht. Das Wasser im Fischbehälter steht immer mit dem Aussenwasser in Verbindung und erneuert sich selbsttätig. (Siehe auch das Modell im Glaskasten des Altonaer Museums.)

2) Typ 1850. Dimensionen wie Nr. 1.

Takelung: 1 oder 2 Masten mit Gaffelsegel, Bugspriet, Focksegel, Klüver und ein Topsegel.

Der Unterschied besteht ferner darin, dass hinten ein Spiegel angebracht ist.

3) Typ 1850—1876. Dimensionen: Länge 17—20 m, Breite 5—6 m, Tiefe 1,6—1,8 m.

Takelung: mit 2 Masten, Gaffelsegel, Bugspriet, Focksegel, Klüver und Topsegel.

Der Unterschied besteht ferner darin, dass das Oberschiff nicht mehr kantig, sondern rund gebaut ist, und auch Eiskisten zum Verpacken der Fische (besonders Seezungen und Schellfische), in den Sommermonaten mitgeführt wurden.

4) Typ 1876—1878. Dimensionen: Länge 20 m, Breite 5,4 m bis 6 m, Tiefe 1,8 m bis 2 m. Takelung wie Nr. 3.

Der Unterschied besteht besonders darin, dass bei gleichem Ueberwasserschiff wie Nr. 3, eine bedeutende Veränderung mit dem Unterwasserschiff gemacht wurde.

Anstatt des bisherigen platten Schiffsbodens ist ein Kiel und aufkimmender Boden angebracht, der hinten und vorne besonders aufgezogen ist. Anstatt der Seitenschwerter ist ein eisernes Mittelschwert (Centerbord) vorgesehen.

Die Inneneinrichtung ist wie früher mit Bünn und Eiskisten. Die Fahrzeuge waren jedoch viel seetüchtiger und segelten bedeutend schneller wie die früheren Schiffe.

Seefischerei.

5) Typ 1878—1882, sogen. Kutter-Ewer.

Dimensionen: Länge 18—20 m, Breite 5,40 bis 5,70 m, Tiefe 1,80 m bis 2 m. Einrichtung wie Nr. 4.

Takelung wie früher als Kutter mit 2 Masten.

Der Unterschied liegt hauptsächlich darin, dass bei dem gleichen Unterwasserschiff wie Nr. 4 das Ueberwasserschiff als Kutter, vorne mehr lothrechten Steven und hinten mit Heck, gebaut ist.

Seetüchtigkeit dieselbe wie Nr. 4.

6) Typ 1902—1906. Dimensionen: Länge ca. 18 m bis 20 m, Breite 5,70 m bis 6 m, Tiefe 2 m bis 2,30 m.

Takelung und Einrichtung wie früher, jedoch bessere Winden zum Einziehen der Netze und 1885 die erste Stahldrahtwinde, während früher immer mit Hanftauen gefischt wurde.

Der Unterschied liegt hauptsächlich im Unterwasserschiff, indem alles Kantige fortbleibt und alles rund gebaut ist.

Die Seetüchtigkeit war so bedeutend, dass bis heute nur in geringen Abweichungen der Dimensionen, noch die gleiche Form gebaut wird.

7) Typ 1892. Erstes Hochseefischer-Segelfahrzeug mit Hülfsmotor für Fischerei-Winden und Hülfsschraube (Matador).

Dimensionen: Länge 20,30 m, Breite 5,80 m, Tiefe 2,80 m. Tiefgang: hinten ca. 3 m.

Innere Einrichtung mit Bünn und festen Eisräumen. Die Bünn war bis an Deck hinausgebaut, so dass durch die Bünn, die früher bei Sturmwetter sehr gefahrbringend war, jetzt vollständige Sicherheit geboten wurde. Auch führte dieses Schiff das Fischen mit Scheerbretternetz anstatt des Baumnetzes ein, was jetzt fast allgemein beim Grundschleppnetz eingeführt ist.

Das Schiff war besonders seetüchtig und schnell.

Von August 1900 bis Ende September 1901 machte Kapt.-Ltn. a. D. Bauendahl, nachdem das Schiff für den Zweck eingerichtet war, eine Tour damit in das nördliche Eismeer und überwinterte im Eise. Schiff und Mannschaft kamen wohlbehalten zurück.

8) Typ 1895. Einrichtung siehe Nr. 20. Für Motorbetrieb eingerichtet.

9) Typ 1895. Segelfahrzeug.

Küstenfischerkutter für Elbe, Weser und holsteinische Küste. Typ 1890.
Dimensionen: Länge 15 m, Breite 4,60 m, Tiefe 1,50 m.
Einrichtung: Fischbehälter für lebende Fische.
Takelung: Ein Mast mit Gaffelsegel und Vorsegel mit Bugspriet. Fischen mit Hamen, Treibnetzen und Reusen.
Der Fang besteht aus Aalen, Stint, Butt, Stören, Maifischen, kleinen Heringen und Sprotten u. s. w.

Heringslogger. Zum Massenfang von Heringen.
Dimensionen: Länge 22 m bis 25 m, Breite 5,70 m bis 6 m, Tiefe 3 m bis 3,20 m.
Ladefähigkeit: 400 bis 500 Tonnen Heringe.
Die Heringe werden gleich an Bord gesalzen und in Tonnen verpackt. Das Netzfleet ist ca. 3000 m = 3 km lang und ca. 12 m tief. Die Besatzung besteht aus 15 bis 16 Personen. Der Fang einer Saison von Juni bis November schwankt zwischen 1000 bis 1600 Tonnen, eine Tonne ca. 600 Stück Heringe.

Heringslogger mit Hülfsschraube. Dimensionen Nr. 11.

Barkasse „Augusta" mit Segel und Hülfsmotor für Winden, Pumpen und Schraube ausgerüstet.
Seit 1893 bei der Königl. Preuss. Biologischen Anstalt Helgoland in Betrieb.

Motorbarkasse zum Fischtransport, seit 1894 in Betrieb.
Dimensionen: Länge 9—12 m, Breite 2—3 m, Tiefe 1—1,50 m.

Typ 1902, Krabben-(Garneelen)-Fischerfahrzeug.
Besonders bei Büsum an der schleswig-holsteinischen Küste der Nordsee in Betrieb.
Dimensionen: Länge 12 m, Breite 3,70 m, Tiefe 1,15 m.

Projekt-Modell zum Dienstfahrzeug für den Königl. Oberfischmeister der Nordsee von 1894.
Dimensionen: Länge 23 m, Breite 5,70 m, Tiefe 1,80 m.

Modell des Oberfischmeisterfahrzeuges. Bezirk Kiel 1878 erbaut und des Fischmeister-Fahrzeuges für Bezirk Ems 1890 erbaut.
Dimensionen: Länge 13 m, Breite 3,70 m, Tiefe 1,50 m.

Modell des Fischmeisterfahrzeuges. Bezirk Kollbergermünde (Ostsee) erbaut 1893.
Dimensionen: Länge 15 m, Breite 3,70 m, Tiefe 2,20 m.

Modell eines Bootes zum Störfang auf der Unterelbe.
Dimensionen: Länge 6 m, Breite 2,30 m, Tiefe 1 m.

Längsschnitt eine Hochseefischerfahrzeuges für Betrieb mit Hülfsmotor eingerichtet.
Modell 1892 bezw. 1895.

„Delphin", Schiffswerft, Bremerhaven-Lehe.

Modell des Motorkutters „Hafenmeister Duge".
Länge über Deck 12,05 m, Breite auf Spanten 3,30 m Seitenhöhe, geringste 1,17 m, Tiefgang 0,76 m, Motorleistung 8 eff. PS.

Das Fahrzeug ist aus Siemens-Martinstahl nach den Vorschriften des Germanischen Lloyds für die Klasse 100 A W. [E], auf Kiel gebaut. Das Deck ist aus amerikanischem Pechkieferholz (Pitch-pine). Die Besegelung ist Kuttertakelage mit Gross-, Top-, Vorsegel und Klüver. Zur Ausrüstung gehört eine Fischnetz- und eine Ankerwinde. Die Einrichtung besteht in einem Motorraum achter, davor befindet sich der Fischraum, in diesen ist das Mittelschwert eingebaut, daran schliesst sich nach vorne ein Mannschaftsraum mit 3 Kojen an. Ganz vorne befindet sich noch ein Kabelgatt. Der Motor ist ein Viertakt-Zwillingsmotor für Petroleum, der bei 280 Umdrehungen in der Minute 8 eff. Pferdestärken leistet.

Die 2 flügelige Schraube hat einen Durchmesser von 750 mm und während der Fahrt verstellbare Flügel, wodurch sich alle Geschwindigkeiten von „voll vorwärts" bis „stop" und „voll rückwärts" erzielen lassen.

Das Fahrzeug befindet sich im Besitze der Fischer Huck und Nehls, Dorum.

Die Eigentümer betreiben damit die Fischerei auf Butt etc. in der Wesermündung und in See und die Garneelenfischerei in der Weser. Im Winter liegen sie dem Stint- und namentlich dem Herings- und Sprottfang in der Aussenweser ob.

Der Motor als Hülfsmaschine leistet sowohl bei der Fischerei als auch bei den Fahrten zum Markt und zu den Fischplätzen gute Dienste, wenn auch zur Hauptsache die Segel als treibende Kraft in Frage kommen.

Was Segelfähigkeit und Seetüchtigkeit anbelangt, so hat sich der Kutter, soweit Ansprüche dieser Art an ihn gestellt wurden, gut bewährt.

Zeichnung des Motorkutters „Hafenmeister Duge".

Fr. Lürssen, Bootswerft, Riemen- und Skulls-Fabrik mit Dampf-Betrieb, Sägewerk. Aumund-Vegesack bei Bremen.

Modell eines **Rettungsbootes** mit Inventar, 80 cm lang,
„ „ **Motorbootes,** ca. 80 cm lang,
1 **Dielenschiff** mit Wurfnetz, 5 m lang, 1,50 m breit,
1 **Ruderboot,**
1 **Einskuller.**

Konsul K. Reepen, Bremerhaven.
   Modell eines **Fischdampfers** für die Islandfahrt.
   Rettungsgürtel.
   Oelbeutel zur Wellenberuhigung.
   Leichte Raatanfender.
   Rettungsring mit Kork gefüllt.

Friedrich Knaack, Oelzeugfabrik zu Stettin.
   Oelzeug für See- und Küstenfischer.

Hans Schroedter, Karl Biese, Karl Langhein, Fritz Lissmann, Kunstmaler in Karlsruhe.
   Dekorative Landschaften, angebracht in der Kuppelhalle des Gebäudes für Fischerei.

C. O. Matthaei, Hamburg, **F. Kallmorgen**, Berlin und **die Vorgenannten** (Genossen des Karlsruher Künstlerbundes).
   Skizzen und graphische Arbeiten.

Gruppe 58.

Korallen und Schwämme, Perlen, Perlmutter.

A. **Siegfried**, Seemooshandlung in Büsum.
Getrocknetes **Seemoos** und **Korallenmoos** im Naturzustande.

J. C. Schmidt, Kunst- und Handelsgärtnerei, Pflanzen- und Samenhandlung, Hoflieferant S. M. des Kaisers, Erfurt.

Seemoos und **Korallenmoos**. Beide Tierarten (Tierstöcke), zu den Hydroidpolypen gehörig, werden in grösseren Massen in der Nordsee gefunden. Das Moos wird zuerst durch verschiedene chemische Prozesse gereinigt und gebleicht, wodurch es für die zartesten Farben aufnahmefähig wird und durch geeignete Mittel in seiner ursprünglichen Beschaffenheit konserviert werden kann. In den Blumenbindereien wird das Moos fast nur in grüner Färbung in Anwendung gebracht, und zwar sowohl in Verbindung mit natürlichen Blumen, als auch mit künstlichen Blumen und natürlich getrocknetem und präpariertem Material in Bouquets, Jardinièren, Ampeln, Tafelaufsätzen, Garnierungen von Nippes und dergleichen mehr. Auch in der Putzbranche wird es in lebhaften Modefarben, besonders aber mit mattfarbenem zarten Velour überzogen, verwendet.

Das kleine Arrangement der Firma J. C. Schmidt, Erfurt, zeigt diese beiden Arten in ihrem natürlichen Aussehen, sowie in allen nur denkbaren Ausführungen ihrer Verwendungsart und in einigen sonstigen Anordnungen.

Gruppe 59.

Wasserwirtschaft, Fischzucht, Austernzucht.

Deutscher Seefischerei-Verein, Berlin-Hannover.

Die Entwicklung der deutschen Fischdampferflotte.

Der bedeutungsvollste Fortschritt auf dem Gebiete der Seefischerei war die Verwendung der Dampfkraft. In Deutschland wurde der erste Fischdampfer 1884 gebaut. Vom Jahre 1887 ab nahm der Bau solcher ständig zu, sodass sich folgende Reihe ergibt:

        1886:   1 Fischdampfer,
        1891: 22 „
        1896: 88 „
        1901: 133 „
        1906: 220*) „

*) Nach Schätzung.

Es ist nunmehr in statistischen Körpern zur Anschauung gebracht:
1) Die Flotte deutscher Fischdampfer 1886: 1 Dampfer
2) Die Flotte im Jahre 1896: 88 Dampfer.
3) Die Flotte im Jahre 1906: 220 Dampfer.

Die Entwicklung der deutschen Heringsfischer-Flotte.
Schon seit Jahrhunderten wird auf der Nordsee die sogen. Grosse Heringsfischerei betrieben. Deutschland hat sich hieran anfangs nur in geringem Umfange beteiligt, in den letzten Jahrzehnten ist jedoch auch auf diesem Gebiete ein bedeutender Aufschwung eingetreten. Es betrieben nämlich den Fang des Salzherings

1886: 1 Gesellschaft mit 15 Loggern,
1891: 2 Gesellschaften mit 19 Loggern,
1896: 5　　,,　　　,,　　74　　,,
1901: 7　　,,　　　,,　　124*)　,,
1906: 10　,,　　　,,　　200**)　,,

Es ist nun durch statistische Körper dargestellt:
1) Die deutsche Flotte für Grosse Heringsfischerei 1886: 15 Fahrzeuge.
2) Die deutsche Flotte für Grosse Heringsfischerei 1896: 74 Fahrzeuge.
3) Die deutsche Flotte für Grosse Heringsfischerei 1906: 200 Fahrzeuge.

Entwicklung des Transportes frischer Seefische von den deutschen Hauptmärkten der Nordsee in das Binnenland.
Am Ende des vorletzten Jahrzehntes des 19. Jahrhunderts wurden in Hamburg, Altona, Geestemünde und später in Bremerhaven Fischauktionshallen geschaffen, welche den bis dahin regellosen Verkauf der Seefischerei-Produkte in fester Weise organisierten und damit die Basis für eine rasche Entwicklung des Grosshandels legten. Später wurde dann in Nordenham a. d. Weser ein Fischereiunternehmen gegründet, welches den Vertrieb der von

---
*) Darunter 9 Dampfer und 1 Dampflogger.
**) Darunter Dampfer und Logger mit Hülfsdampfmaschinen.

einer zahlreichen eigenen Dampferflotte gelandeten Fänge in das Binnenland selbst übernahm und damit einen neuen grosskapitalistischen Seefischereibetrieb eröffnete.

Auf den vorher genannten Auktionsmärkten kommen die Fänge der meisten deutschen Fischereifahrzeuge des Nordseegebietes, welche Frischfischfang betreiben, zum Verkauf, ausserdem aber auch die Fänge vereinzelter fremder Dampfer und schliesslich auch per Schiff oder Bahn vom In- und Auslande kommende Zufuhren.

Dennoch beruht die Zunahme des Auktionsumsatzes zum grössten Teile auf der Zunahme der deutschen Fischereiproduktion.

In runden Zahlen lassen sich die Zufuhren deutschen Fanges an den Hauptplätzen (Altona, Hamburg, Geestemünde, Bremerhaven, Nordenham) in folgender Weise zusammenstellen:

Angelandet an frischen Fischen
1888 etwa 5 000 000 Pfund,
1896 „ 60 000 000 „
1905 „ 100 000 000 „

Stellt man sich vor, dass diese Fischmengen, wie es von dem Haupthafen (Geestemünde) geschieht, in speziellen Eisenbahnzügen (Fischzügen) zu je 25 Waggons mit einer durchschnittlichen Belastung von 110 000 Pfund Fisch in das Binnenland versandt werden, so würden erforderlich sein:

1888: ca. 45 Fischzüge (d. h. alle 8—9 Tage ein Eisenbahnzug zu 25 Waggons);

1905: ca. 910 Fischzüge (d. h. täglich fast 3 Fischzüge zu 25 Waggons).

Die Zahl der Fischzüge beider Jahre ist durch statistische Körper veranschaulicht.

Bild des Fischereihafens zu Geestemünde.

Das vom Marinemaler Giebel in Aquarell hergestellte 3 m lange Bild stellt den Hauptteil des Fischereihafens zu Geestemünde dar. Links mit der Güterexpedition beginnend, von der aus täglich 3—4, und an besonders verkehrsreichen Tagen bis zu 8 Fischzüge abgelassen werden. Der Güterexpedition, die infolge stark gesteigerter Frequenz gegenwärtig eine erhebliche Vergrösserung erfährt, schliesst sich das Wirtschaftsgebäude an. Dieses enthält ein Restaurant (speziell Fischspeisen), das Post-, Fernsprech- und Telegraphenamt, die Packetexpedition, verschiedene Schiffs-Ausrüstungsgeschäfte und das Seemannsheim und Heuerbureau der Seemannsmission (siehe dieses), in deren Räumen auch die Vorträge über Fischerei- und Samariterwesen (siehe dieses) abgehalten werden.

Dann folgt die 450 m lange Auktions- und Packhalle, vor der die von See eingelaufenen Fischdampfer zum Landen ihrer Ladung liegen. Hier werden im Jahre zurzeit die Fänge von ca. 2800 Fischdampfern und 400 Segelfahrzeugen gelöscht und diese, wie die zahlreichen Sendungen an Fischen aus dem In- und Auslande in öffentlicher Auktion versteigert. An den Auktionen beteiligen sich in erster Linie die 54 in Geestemünde ansässigen Fischversandgeschäfte, ausserdem aber auch die Fischhändler der Nachbarschaft und nicht selten Vertreter grosser Firmen des Inlandes. Der Umsatz in den Auktionen betrug im Jahre 1905 an frischen Fischen 57 365 562 Pfund zum Preise von 7 443 062 Mk.

Dieser, den Mittelpunkt des Fischereihafenbetriebes bildenden Fischhalle, schliesst sich nach Norden auf dem Bilde sichtbar die Halle II an, die 120 m lang ist, jedoch nur als Packhalle für die Versandgeschäfte benutzt wird. Nach demselben Typ ist auch die 180 m lange Halle III südlich der Güterexpedition gebaut und steht die 150 m lange Halle IV dort im Bau, sodass demnächst der Fischereihafen über 900 m Gebäudefront für Fischgeschäfte verfügt.

Im Norden sehen wir weiter die für den Fischereiverkehr notwendigen Einrichtungen, wie das Zollamt und die Transitlager, die sich bis zu der 110 m breiten Einfahrt des Hafens hin erstrecken. Im Hintergrunde gewahrt man die Schlote und Schornsteine der Fischindustrie, dort stehen Marinieranstalten, Räuchereien, Fischmehlfabriken, Fischtrockenanstalten, Lebertranfabrik, Eisfabrik und Kühl- und Gefrierhäuser.

Von den weiteren am Hafen befindlichen Einrichtungen sind noch zu nennen das Hafenamt, das Seemannsamt, das Elektrizitätswerk, das alle Räume mit Licht und Kraft versorgt, die Schiffskammer des Forschungsdampfers „Poseidon" mit einem Laboratorium

Seefischerei.

für wissenschaftliche Arbeiten und ein Patentslipp für die Reparaturen und den Neubau der Fischdampfer. —
Einige Photographien veranschaulichen den Dampfseefischereibetrieb:

1) Das Aussetzen des Netzes.
2) Das Entleeren des Fanges aus dem Netze an Deck.
3) Die Verarbeitung der Fische an Bord.
4) Das Löschen der Fische im Fischereihafen.
5) Der Versand der Fische mit der Eisenbahn.

Die Seefischerschulen.

Um den Gesichtskreis der Seefischer in bezug auf das Wissenswerteste aus der Theorie ihres Gewerbes zu erweitern, unterhält der Deutsche Seefischerei-Verein seit einer Reihe von Jahren an vielen Küstenpunkten Seefischerschulen. Bis jetzt bestanden solche an folgenden Orten:

Ostsee.	Nordsee.
1) Memel,	1) Tönning-Olversum a. d. Eider,
2) Pillau,	2) Büsum,
3) Neufahrwasser bei Danzig,	3) Blankenese a. d. Elbe,
4) Oestlich-Neufähr bei Danzig,	4) Cranz a. d. Elbe,
5) Wittenberg in Pommern,	5) Neuhoff a. d. Elbe,
6) Leba in Pommern,	6) Altenwerder a. d. Elbe,
7) Stolpmünde in Pommern,	7) Finkenwerder a. d. Elbe,
8) Rügenwaldermünde in Pom.,	8) Altona a. d. Elbe,
9) Kolbergermünde in Pommern,	9) Marne in Dithmarschen,
10) Dievenow in Pommern,	10) Geestemünde (Vorträge),
11) Wollin,	11) Brake in Oldenburg,
12) Sager bei Wollin,	12) Ditzum a. d. Ems,
13) Misdroy bei Swinemünde,	13) Norderney,
14) Osternothafen bei Swinemünde,	14) Neuharlingersiel,
15) Ahlbeck bei Swinemünde,	15) Wyk auf Föhr.
16) Karlshagen bei Swinemünde,	
17) Kröslin bei Wolgast,	
18) Stralsund,	
19) Barth.	

Der Schulbesuch und die Vorträge sind überall **frei**, da der Deutsche Seefischerei-Verein für Unterrichtslokale sorgt, das Unterrichtsmaterial beschafft und die Lehrer besoldet.

Vorträge für Seefischer, veranstaltet durch den Deutschen Seefischerei-Verein und **Seefischerschulen** des Deutschen Seefischerei-Vereins.

In dem Betriebe der Dampfhochseefischerei tritt im Laufe des ganzen Jahres keine Unterbrechung ein. Es kann daher den auf den Fischdampfern tätigen Leuten ein stufenmässiger Unterricht nicht erteilt werden. Um aber auch ihnen die Möglichkeit einer Fortbildung zu geben, wurde zu Vorträgen geschritten, die an einem Abend das behandelte Thema erschöpfen. Diesen Vorträgen wurde auch der Samariterunterricht angeschlossen.

Das nachstehende Programm der Vorträge am Fischereihafen zu Geestemünde für den Winter 1905/1906 gibt eine Uebersicht der Lehrstoffe.

Es werden behandelt in den Vorträgen:

I. unter **Seefischerei, von Hafenmeister Duge**:
1) Die Seefischerei und ihre Bedeutung für die Fischer und die Volksernährung.
2) Die Fangmethoden und ihre Entwicklung.
3) Die Seefischereibehörden, der Deutsche Seefischerei-Verein und deren Funktionen und Tätigkeit.
4) Die wissenschaftliche Meeresforschung und ihre Arbeit im Interesse der Seefischerei.
5) Lichter- und Signalführung der Fischerfahrzeuge.
6) Rettungswesen und Rettungsapparate.
7) Internationale Vereinbarungen und ausländische Fischereigesetze.
8) Seemannsmission, Sanitätsschiffe, Fischereischutz.
9) Seeberufsgenossenschaft, Seeamt, Strandamt.
10) Seefischereien des Auslandes.
11) Verwertung der Fischereiprodukte im In- und Auslande.
12) Fischbehandlung und Fischzubereitung.
13) Seefischerfahrzeuge.
14) Allgemeines über den Beruf der Seefischer.

Seefischerei.

II. unter Fischkunde, von Rektor Klammer:
1) Die Tierwelt des Meeres und ihre Lebensbedingungen.
2) Weichflosser, Schellfische und Schollen.
3) Stachelflosser.
4) Krebse.
5) Farben der Meerestiere.
6) Kleinlebewesen, Plankton.
7) Haie, Rochen, Neunaugen.
8) Wanderungen der Meeresbewohner.
9) Der Hering.
10) Bernstein und Pflanzen des Meeres.
11) Meeresbiologie.

III. unter Gesetzgebung, von Kreissekretär Müller:
1. Seeunfallversicherungsgesetz.
2. Alters- und Invaliditätsversicherungsgesetz.
3. Seepolizeiverordnungen, Strandungsordnung.

IV. unter Samariterunterricht, von Sanitätsrat Dr. Mayer:
1) Bau und Funktionen des menschlichen Körpers.
2) Blutkreislauf, Blutungen, Wunden.
3) Wundbehandlung, Blutstillung.
4) Knochenbrüche und ihre Behandlung.
5) Verband- und Transportübungen.
6) Aeussere Erkrankungen.
7) Wiederbelebung scheinbar Ertrunkener oder Erstickter mit Uebungen.

Als Unterrichtsmaterial dienen namentlich der Deutsche Seefischerei-Almanach und sonstige Literatur des Deutschen Seefischerei-Vereins. — (Siehe Seite 45 u. folg.)

Die Vorträge in Geestemünde werden durch Lichtbilder, Modelle, Präparate und durch Hülfsmittel erläutert, die von der Gesellschaft zur Rettung Schiffbrüchiger und vom Deutschen Samariter-Verein in Kiel zur Verfügung gestellt werden.

Seefischerei.

Ausgestellt sind folgende **Lehrmittel**:

1) Das Modell eines Grundschleppnetzes. Es dient dazu, den Fischern das Funktionieren des Netzes und die möglichen Störungen während des Fischens, wenn das Gerät am Meeresboden schleppt und oft in grossen Tiefen der Beobachtung gänzlich entzogen ist, zu erläutern. Einflüsse, wie der Auftrieb, Strom, Unebenheiten des Meeresbodens, felsige Gründe, weicher Grund u. s. w. werden in den Kreis der Besprechungen gezogen.

2) Das Modell eines Heringsnetzes. Wird ebenfalls in bezug auf sein Funktionieren und seine Fangweise als Lehrmittel benutzt, dient aber auch besonders dazu, den Grundschleppnetzfischern die Regeln des Ausweichens der Treibnetzfischer zu erläutern und ihnen die Kollisionsgefahr zu erklären und vor Augen zu führen.

3) Das Modell eines Signalmastes. An dem Modell werden in den Vorträgen die Sturmwarnungen der deutschen Seewarte, die Sturmwarnungs- und Eissignale der ausserdeutschen Küsten und die Signale im Verkehr mit den Fischereiaufsichtsschiffen nebst Not- und Fernsignale besprochen und erläutert. — Im Anschluss an diese Besprechungen kommen auch die bezüglichen Gesetze und Bestimmungen über das Zeigen der Nationalflagge und die Bezeichnung der Fischerfahrzeuge durch Nummern und Namen sowie die internationalen, hierher gehörigen Vereinbarungen zur Sprache.

4) Ein Planktonnetz. Um die Fischer einen Blick in die Welt der Kleinlebewesen des Meeres tun zu lassen und das Verständnis für diese in ihnen zu wecken, werden gelegentlich mit dem Planktonnetz kleine Fänge aus dem Hafen oder der Weser gemacht und ihnen die gefangenen Tiere lebend unter dem Mikroskop gezeigt. Es handelt sich hierbei nicht um wissenschaftliche Feststellungen und Erläuterungen, sondern nur um die Erweiterung des Gesichtskreises der Fischer und dabei häufig um Richtigstellung überlieferter falscher Anschauungen.

5) Ein Mikroskop, wie es in den Vorträgen benutzt wird. Das Instrument findet in einem Skioptikon mit ca. 200 Lichtbildern aus der Tierwelt des Meeres seine Ergänzung. Die Licht

bilder allein ohne die Vorführung lebender Wesen oder mikroskopischer Präparate würden Zweifel bei den Zuhörern lassen. Das Mikroskop bildet eine wesentliche Vervollständigung zur Vorführung der Lichtbilder.

6) Zwei Bilder des Unterrichts. a. Die Vorführung des Raketenapparates, den die Deutsche Gesellschaft zur Rettung Schiffbrüchiger alljährlich für den Kursus zur Verfügung stellt.

b. Unterricht über die Regeln der Lichter- und Signalführung, sowie des Ausweichens der Schiffe auf See an einem Modellboot, das dem Boote von O. P. Olsen nachgebildet ist und ein wesentliches Hülfsmittel zur Erläuterung der fragl. Regeln bildet.

7) Zwei Kompassrosen, die zur Erläuterung des Kompasses und seiner Eigenschaften und Einrichtung benutzt werden.

Grosse Wandkarte, darstellend die deutschen Fischereigründe in der Ostsee, der Nordsee, bei Island, dem Weissen Meere und im Atlantischen Ozean. Die Gebiete der Grundnetzfischerei mit Dampfern und der Grossen Heringsfischerei sind unterschieden.

Ausserdem sind längs der deutschen Küste die Orte eingezeichnet, in denen der Deutsche Seefischerei-Verein Fischerschulen (siehe diese) und Samariterkurse eingerichtet hat. Ferner sind die Orte angegeben, an denen unter Mitwirkung des Deutschen Seefischerei-Vereins Versicherungskassen für Fischerfahrzeuge und Netze gegründet sind.

Modelle markierter Fische.

Die Markierung der lebenden Fische dient dazu, ihre Wanderung zwischen Zeit und Ort des Aussetzens und Wiederfangens zu ermitteln.

Modell eines markierten Lachses in natürlichen Farben aus bemaltem Gips. Natürliche Grösse. (Verfertiger: W. Pellegrini, Chemnitz.)

Am Kiemendeckel ist eine schwedische, an der Fettflosse eine norwegische Lachsmarke befestigt.

Schwedische Lachsmarke, bestehend aus zwei Silberplättchen, von denen eines zwei Zungen zum Befestigen der Plättchen am Kiemendeckel trägt (nach Art von Musterklammern).

Norwegische Lachsmarke, ein doppelt geknickter Silberdraht mit daran befestigtem Nummerplättchen. Daneben ein Instrument zum Durchlochen der Fettflosse vor dem Markieren. Darunter eine Zange zum Verschluss der Marke.

Modell einer mit der dänischen Marke gezeichneten Scholle aus bemaltem Gips. Natürliche Grösse. (Verfertiger: W. Pellegrini, Chemnitz.) Die Marke ist Original.

Modell eines mit der schwedischen Marke gezeichneten Aales, Relief aus bemaltem Gyps. Natürliche Grösse. (Verfertiger: W. Pellegrini, Chemnitz.) Die Marke ist Original.

Die Marke besteht aus einem Blechstreifen, der an einem Ende zugespitzt, am andern zur Aufnahme der Unterscheidungszeichen verbreitert ist. Mit einer gebogenen Ahle wird dem Aal auf einer Seite ein Kanal durch das Fleisch gestochen, durch diesen der Blechstreifen geführt und das heraustretende Ende unter das Plättchen gebogen.

Modell eines mit der finnländischen Marke gezeichneten Aales aus bemaltem Gyps. Natürliche Grösse. (Verfertiger: W. Pellegrini, Chemnitz.) Die Marke ist Original.

Die Marke besteht aus einer zweifarbigen Seidenschnur, die an der Basis der Rückenflosse durch letztere genäht wird. Die Unterscheidungsmerkmale bestehen in der Zusammenstellung der Farben und der Anzahl und Art der Knoten.

Sammlung von Fischmarken.
a. Schwedische Schollenmarke, bestehend aus 2 Knochenplättchen und einem angespitzten Silberdraht. Die Unterscheidungszeichen Sv (Sverige) und die Nr. sind eingebrannt.

b. Dänische Schollenmarke, gleicht der schwedischen, hat nur noch ein Messingplättchen, welches das Unterscheidungszeichen „Da" (für Dänemark) trägt.

c. **Belgische, holländische und englische Schollenmarke.** Bei diesen wird das eine Knochenplättchen der schwedischen Marke durch ein muldenförmiges Messingblech mit darin eingeprägtem Unterscheidungsbuchstaben B, H oder E ersetzt.

d. **Schollenmarke der Kgl. Biolog. Anstalt Helgoland** (Deutschland). Ein Ring aus Aluminium (jetzt nicht mehr benutzt), welcher den Tieren durch ein mit dem Locheisen am Rücken in der Nähe der Schwanzwurzel gestossenes Loch gezogen und darauf geschlossen wurde.

e. **Schollenmarke der Kgl. Biolog. Anstalt Helgoland.** Ein Hartgummiknopf mit einer Gummischeibe. Der Knopf wird den Tieren am hinteren Teile des Rückens durch die Flossenträger gedrückt und durch Ueberstreifen der Gummischeibe befestigt.

f. **Fischmarke des Deutschen Seefischerei-Vereins** dient zum Markieren von Plattfischen und anderen Fischen. Sie besteht aus einer Aluminiumnadel und einem daran befestigten beweglichen Nummernplättchen. Die Nadel wird den Fischen durch Haut und Muskulatur gestochen und, nachdem das Nummernplättchen angebracht worden ist, durch Zurückbiegen des freien Schenkels unter das löffelförmige andere Ende geschlossen.

g. **Lachsmarke des Fischereivereins der Provinz Posen**, bestehend aus einer mit F. P. gezeichneten Bleiplombe und einem kleinen Angelhaken, der an der Fettflosse befestigt wird.

Farbiges Gypsmodell eines Nutzfisches. Name am Modell angegeben. (Angefertigt von W. Pellegrini-Chemnitz.)

Portrait Seiner Majestät Schiff „Olga", auf der Reise zur Erkundung der Fischgründe im Nordpolarmeer im Jahre 1898.

Wegkarte Seiner Majestät Schiff „Olga", auf der Reise zur Erkundung der Fischgründe im Nordpolarmeer im Jahre 1898.

S. M. S. „Olga" verliess am 22. Juni 1898 Wilhelmshaven, traf am 27. Juni in Tromsö ein, ging am 2. Juli nach der Bäreninsel und von dort nach der Westküste von Spitzbergen, kehrte am 29. Juli nach Hammerfest zurück, ging am 3. August zur Befischung der Spitzbergen-Bank wieder in See, traf am 15. August wieder in Tromsö und am 2. September in Wilhelmshaven ein.

Ueber das Schiff, seine Ausrüstung und Besatzung ist anzuführen:

Erbauungszeit: 1876 bis 1880.

Baumaterial: Eisen und Stahl, darüber 75 mm Holzhaut mit Zinkbelag.

Deplacement = 2169 Tonnen.

Länge: 69,0 m.

Grösste Breite: 12,5 m.

Tiefgang vorne: 47,4 dcm.

„ hinten: 58,1 dcm.

Die Dreicylinder-Compoundmaschine konnte 2100 Pferdekräfte indizieren.

Druck in den Kesseln: 5 Atmosphären.

Kohlenvorrat in den Bunkern: 230 Tonnen.

Kohlenvorrat auf Deck bis zu 70 Tonnen.

Kohlenverbrauch beim Dampfen mit 2 Kesseln, 7 Knoten Fahrt und äusserster Ersparnis: 8 bis 10 Tonnen in 24 Stunden.

Armierung: Zwei 8,8 cm Schnellladekanonen auf der Kampanje. Vier 3,7 cm Revolverkanonen, davon zwei auf der Back und zwei mittschiffs.

Die Takelage war auf Untermasten und Unterraen so reduziert, wie aus der Schiffsabbildung ersichtlich ist.

Das Schiff war mit Grundschleppnetzen, Geräten zur Langleinen- und sonstiger Angelfischerei, ferner für Strand- und Treibnetzfischerei ausgerüstet.

Unter den Matrosen befanden sich 15 Seefischer, darunter mehrere, welche die Grundschleppnetzfischerei auf deutschen Fischdampfern in der Nordsee betrieben hatten.

Die an Bord eingeschiffte Kommission des Deutschen Seefischerei-Vereins bestand aus:

Dem Kapitän zur See a. D. Dittmer als Leiter.

Dem Professor Dr. Hartlaub, von der biologischen Anstalt auf Helgoland.

Dem Fischdampferkapitän, Schiffer auf grosser Fahrt, de Bloom.

Dem Fischmeister Lornsen, von der biologischen Anstalt auf Helgoland.

Einem Photographen.

Einem norwegischen Angelfischer.

Die Wegkarte gibt den Schiffsort am Mittag. Die Punkte von einem Mittagsort zum anderen sind durch gerade Linien verbunden. In die Wegkarte sind die Ergebnisse der Messung der Wassertemperaturen und der Fänge eingetragen.

Litteratur:

Mitteilungen des Deutschen Seefischerei-Vereins (früher: Sektion für Küsten- und Hochseefischerei). — Verantwortlicher Redakteur: Wirklicher Geheimer Oberregierungsrat Dr. Herwig zu Hannover. — Die Zeitschrift erscheint monatlich (in der Stärke mehrerer Druckbogen). In gemeinfasslichen (auf das Verständnis der Berufsfischer berechneten) Aufsätzen werden alle in das Gebiet der Seefischerei fallenden Fragen erörtert. Der Text wird durch geeignete Darstellungen und Kartenskizzen ergänzt. — Abonnementspreis jährlich 3 Mark. Für Mitglieder (Jahresbeitrag 6 M., für Fischer 1,50 M.) kostenlose Zusendung.

Alphabetisches Sach- und Namenregister zu den Mitteilungen der Sektion für Küsten- und Hochseefischerei (jetzt Mitteilungen des Deutschen Seefischerei-Vereins), Jahrgang von 1885 bis 1894, bearbeitet von Dr. M. Lindeman. Preis 1,50 M.

Deutscher Seefischerei-Almanach. Herausgegeben vom Deutschen Seefischerei-Verein. Hahnsche Buchhandlung. Hannover und Leipzig.

Seit dem Jahre 1898 gibt der Deutsche Seefischerei-Verein jährlich den Seefischerei-Almanach heraus. Derselbe erscheint zu Ende Dezember jeden Jahres für das folgende Jahr, sodass z. B. der Almanach für 1906 Ende Dezember 1905 in den Buchhandel kommt. Preis 4,50 M., für Fischer 1 M. ausser Porto.

Abhandlungen des Deutschen Seefischerei-Vereins. Herausgegeben vom Deutschen Seefischerei-Verein. Verlag von Otto Salle, Berlin W. 30, Maassenstrasse 19.

Die Abhandlungen erscheinen seit dem Jahre 1897. Sie bringen grössere Arbeiten aus dem Gesamtgebiet der Seefischerei und ihrer Hülfsgewerbe. Darunter befinden sich auch Arbeiten streng wissenschaftlichen Charakters, sobald ihnen ein unmittelbarer Zusammenhang mit praktischen Gesichtspunkten nicht fehlt.

Bisher erschienen: Bd. I: **Die 1897 preisgekrönten Arbeiten über verbesserte Konstruktionen von Fischerfahrzeugen mit und ohne Hülfsschraube.** Mit vielen Abbildungen. Preis 10 M., für Mitglieder des Vereins 8,50 M.

Bd. II: **Naturgeschichte des Herings.** Von Prof. Dr. Friedrich Heincke, Direktor der Biologischen Anstalt auf Helgoland. Teil I: Die Lokalformen und die Wanderungen des Herings in den europäischen Meeren. Mit 26 Tafeln und zahlreichen Tabellen. Preis 35 M., Vorzugspreis für Mitglieder des Vereins 30 M.

Bd. III: **Zur Bakteriologie und Chemie der Heringslake.** Von Dr. C. Wehmer; und Die Hochseefischerei im Stralsunder Reviere. Von Dr. Paulus Schiemenz. Preis 8 M., Vorzugspreis für Mitglieder des Vereins 7 M.

Bd. IV: **Die gegenwärtige Eismeerfischerei und der Walfang.** Von Dr. phil. M. Lindeman. Preis 8 M. Vorzugspreis für Mitglieder des Vereins 7 M.

Bd. V: 1) **Der Garneelenfang und die Garneelenfangapparate** an der oldenburgischen, preussischen und holländischen Küste. Von W. Decker. — 2) **Der Garneelenfang und die Garneelenfanggeräte** an der oldenburgischen, preussischen und holländischen Küste. Von de Vries. — 3) **Die Garneelenfischerei** an der oldenburgischen und preussischen Küste bis zum Dollart. Von Prof. Dr. Henking. Preis 8 M., Vorzugspreis für Mitglieder des Vereins 7 M.

Bd. VI: **Die Seefischerei Norwegens.** Bericht von W. Decker, Fr. Heincke, H. Henking. Mit XX Tafeln in Lichtdruck und zahlreichen Abbildungen im Text. Preis 8 Mark, Vorzugspreis für Mitglieder des Vereins 7 Mark.

Bd. VII: **Die Ostsee-Expedition 1901 des Deutschen Seefischerei-Vereins.** Mit Berichten von Heidrich, Reibisch, Apstein, Schiemenz. Mit grosser Karte, IV Textkarten, XXVIII Tabellen und einer Anzahl Abbildungen im Text. Ladenpreis 8 Mark, Vorzugspreis für unsere Mitglieder 7 Mark.

Buchführung für den Fischereibetrieb, mit ausgeführtem Beispiele. In Verbindung mit Herrn Lehrer Bosenick und Herrn Fischereipächter J. J. Breckwoldt (Altenwärder) herausgegeben vom Deutschen Seefischerei-Verein. Berlin 1894 (W. Mösers Hof buchhandlung). Einzelpreis mit ausgeführtem Beispiele 60 Pf., ohne dasselbe 30 Pf.

Die deutsche Seefischerei, Separatabdruck aus Spezialkatalog VII, Deutsche Fischereiabteilung der Berliner Gewerbeausstellung 1896, mit ausführlichem Sachregister für 50 Pf. Zu beziehen durch den Deutschen Seefischerei-Verein.

Beschreibung der wichtigsten deutschen Seefischerei-Fanggeräte in der Nord- und Ostsee und ihrer Kennzeichnung, nach Angaben des Deutschen Seefischerei-Vereins herausgegeben vom Reichs-Marine-Amt. Mit 1 Tafel und 24 Abbildungen. Berlin. Ernst Siegfried Mittler & Sohn, Königliche Hofbuchhandlung und Hofbuchdruckerei, Kochstr. 68—71. Diese Schrift wird im April jeden Jahres den „Nachrichten für Seefahrer" beigegeben. Sie erschien 1906 in fünfter Auflage. Einzelne Exemplare können von dem Deutschen Seefischerei-Verein bezogen werden.

Das Nord-Polarmeer. Nach Tagebüchern und Aufnahmen während der Reise mit Seiner Majestät Schiff „Olga", von R. Dittmer, Kaiserlicher Kapitän zur See a. D. Herausgegeben vom Deutschen Seefischerei-Verein. Mit 7 Karten und 101 Abbildungen. Hahnsche Buchhandlung. Hannover und Leipzig. 1901. Preis broschiert

6 Mark, gebunden 7 Mark 50 Pf. An Mitglieder des Deutschen Seefischerei-Vereins wird das broschierte Exemplar für 4 Mark 50 Pf., das gebundene Exemplar für 5 Mark 65 Pf. abgegeben.

Die deutsche Hochsee-, See- und Küstenfischerei im 19. Jahrhundert und bis zum Jahre 1902. Bearbeitet im Auftrage des Deutschen Seefischerei-Vereins von R. Dittmer, Kapitän zur See a. D. Hahnsche Buchhandlung. Hannover und Leipzig. 1902. Preis 1 Mark. An Mitglieder des Deutschen Seefischerei-Vereins wird das broschierte Exemplar für 75 Pf. abgegeben.

Internationale Fischerei-Ausstellung, Wien 1902. Katalog der Deutschen Kollektiv-Ausstellung, Abt. Seefischerei, zu beziehen durch den Deutschen Seefischerei-Verein.

Rettungs- und Hülfsmittel in Seenot, sowie Winke für die Handhabung von Seefischereifahrzeugen und Booten, von R. Dittmer, Kapitän zur See a. D. Herausgegeben vom Deutschen Seefischerei-Verein. Zweite vermehrte und verbesserte Auflage. Hahnsche Buchhandlung. Hannover und Leipzig. 1903. Preis für deutsche See- und Küstenfischer 10 Pf.

Seefischereifahrzeuge und Boote ohne und mit Hülfsmaschinen. Von R. Dittmer, Kaiserlicher Kapitän zur See a. D. in Hannover und H. V. Buhl, Schiffsbaumeister zu Frederikshavn in Dänemark. Herausgegeben vom Deutschen Seefischerei-Verein. Hahnsche Buchhandlung. Hannover und Leipzig. 1904. Preis 6 Mark; für deutsche See- und Küstenfischer, zu beziehen durch den Deutschen Seefischerei-Verein, 2,50 Mark.

3 Leuchtfeuerverzeichnisse und Segelanweisungen für See- und Küstenfischer, Sonderabdruck aus dem Deutschen Seefischerei-Almanach für 1904, 1905 und 1906. Preis für deutsche See- und Küstenfischer je 20 Pfg.

Diplom des Deutschen Seefischerei-Vereins. Gezeichnet von Professor Carl Saltzmann in Neubabelsberg.

Deutsche Admiralitäts-Karten und Nautische Bücher, mit Genehmigung des Reichs-Marine-Amts ausgestellt, herausgegeben vom Reichs-Marine-Amt. Kommissionsverlag von Dietrich Reimer (Ernst Vehsen), Berlin SW., Wilhelmstrasse 29.

Nordsee, Fischereikarte 1:1200000.
Deutsche Bucht der Nordsee, Fischereikarte 1:1200000.
Island, Fischereikarte 1:600000.
Barents-See, 1:2000000.
Frisches Haff, Fischereikarte 1:75000.
Segelhandbuch für die Insel Island.
Segelhandbuch für die Faröer.

Deutscher Samariter-Verein, Kiel.

Ehrenpräsident: Seine Königliche Hoheit Prinz Heinrich von Preussen. Vorsitzender: Seine Excellenz Wirklicher Geheimer Rat Professor Dr. Friedrich von Esmarch, Kiel. Schatzmeister und Schriftführer: Dr. Petersen.

Der Deutsche Samariter-Verein, gegründet im Jahre 1882, hat nach dem § 1 seiner Satzungen sich die Aufgabe gestellt, unter Laien die Kenntnis von der ersten Hülfe bei plötzlichen Unglücksfällen zu verbreiten, vor allem durch die Einrichtung der Samariterschulen, in welchen die bis zur Ankunft des Arztes möglichen Hülfeleistungen gelehrt und geübt werden.

Der Unterrichts-Leitfaden des Deutschen Samariter-Vereins ist in 79000 Exemplaren von den den Samariterunterricht erteilenden Aerzten in Benutzung. Der Katechismus des Unterrichts, welcher von den in der Kenntnis der ersten Hülfe ausgebildeten Samariterschülern benutzt wird, ist in noch weit grösserer Anzahl verbreitet und sowohl der Leitfaden als auch der Katechismus ist in 26 andere lebende Sprachen übersetzt worden.

Der Deutsche Samariter-Verein gibt ausserdem für den Unterricht zusammengestellte Sammlungen von geeignetem Hülfsmaterial ab; von diesen Lehrmittelkisten sind mehrere tausend Exemplare in Benutzung.

Der Deutsche Samariter-Verein verteilt unentgeltlich die von ihm herausgegebenen Blechtafeln mit Anweisungen für die erste Hülfeleistung bei anscheinend Ertrunkenen zur Anbringung an geeigneten Plätzen. Von diesen Blechtafeln sind über 20000 bis heute in Benutzung.

Ausgestellt sind folgende Gegenstände:
1) 2 vollständige **Lehrmittelkisten** für den Samariterunterricht.
2) 1 Satz = 5 Stück **Wandtafeln** auf Shirting aufgezogen mit Stäben.
3) 3 grosse dreieckige Tücher mit **Abbildungen**, auf Pappe geklebt.
4) 1 **Torniquet-Hosenträger** mit aufgezogener Gebrauchsanweisung.
5) 50 **Katechismen** zur ersten Hülfeleistung bei plötzlichen Unglücksfällen in Buchform.
6) 10 **Katechismen** als Plakat gedruckt, davon zwei auf Leinwand gezogen.
7) 2 **Leitfaden** für Samariterschulen von Dr. von Esmarch.
8) 5 **Blechtafeln** zur Wiederbelebung anscheinend Ertrunkener.
9) 20 **Notverbandpäckchen** von Dr. von Esmarch, 5 von jeder Grösse.
10) 1 grosse **Samariter-Apotheke.**
11) 1 kleine   ,,   ,,
12) 1 **Unfallmelder** der Stadt Kiel, auf Holz montiert.
13) 1 **Plan** der Stadt Kiel mit eingezeichneten **Unfallmeldestellen** und Samariterwachen.

Königlich Preussische Kommission zur wissenschaftlichen Erforschung der deutschen Meere in Kiel.

Vertikalnetz nach Hensen (mit Müllergaze Nr. 3)[*].

Dient zum Fange grösserer Planktonorganismen; wird vertikal bis zur gewünschten Tiefe hinabgelassen und sofort wieder vertikal

---

[*] Diese, sowie alle folgenden Apparate für das Studium des Planktons sind zu beziehen von: Mechaniker Zwickert, Kiel, Dänische Strasse.

emporgezogen, sodass eine Wassersäule von genau bekanntem Volumen abfiltriert wird.

Grosses Planktonnetz nach Hensen (mit Müllergaze Nr. 20). Zur quantitativen Bestimmung des Planktons. Anwendung wie bei dem Vertikalnetz. Um die Filtrationsleistung des Netzes möglichst zu steigern und Verstopfung der Maschen möglichst zu hindern, ist auf das Netz ein kegelförmiger Aufsatz aus dichtem Stoff mit nur kleiner Oeffnung aufgesetzt. Das Seidenzeug ist so feinmaschig, dass auch recht kleine Organismen noch gefangen werden.

Schrank I.

1) **Mittleres Planktonnetz** nach Apstein (mit Müllergaze Nr. 20).

Zweck und Anwendung wie bei dem vorigen Netz; der Fang wird aber sofort im Eimer selbst filtriert und aus diesem in die Sammelgläser übergeführt.

2) **Mittleres Schliessnetz** nach Petersen-Hensen (mit Müllergaze Nr. 20).

Zur quantitativen Bestimmung des Planktons in bestimmten Tiefenzonen. Das Netz ist wie das mittlere Planktonnetz gebaut, trägt aber auf der Mündung des Aufsatzes einen klappenförmigen Schliessapparat, der beim Hinablassen des Netzes geöffnet ist und durch ein nachgesandtes Fallgewicht geschlossen werden kann, nachdem das Netz beim vertikalen Aufzuge eine bestimmte Strecke, z. B. von 400 bis 200 m, durchfischt hat.

3) **Oberflächennetz** nach Apstein (mit Müllergaze Nr. 20).

Zur quantitativen Sammlung von Planktonproben an der Meeresoberfläche; wird horizontal hinter dem Schiffe bei langsamer Fahrt treiben gelassen.

4) **Schlammstecher** nach Apstein.

Sticht in den Meeresboden ein und bringt die Bodensedimente in natürlicher Schichtung.

5) **Akkumulator.**

Kompensiert beim Schlingern des Schiffes die Stösse, welche beim Fischen auf das Netz ausgeübt werden.

6) **Wasserschöpfapparat** nach Krümmel mit **2 Kippthermometern** (Negretti-Zambra).

Der Apparat wird mit dem Lot beschwert bis zur gewünschten Tiefe hinabgelassen und dann durch ein nachgesandtes Fallgewicht geschlossen; dies Fallgewicht bringt zugleich die Thermometer zum Umkippen. Aus der Länge des dabei abgerissenen Quecksilberfadens bestimmt man die in der erreichten Tiefe vorhandene Temperatur.

Schrank II.

1) **Dredge.** Zum Fange von Bodentieren und Bodenpflanzen; wird hinter dem Schiffe auf dem Meeresboden hingeschleppt.

2) **Jahresberichte** der Kommission, 1871—1891, herausgegeben im Auftrage des Königl. Preussischen Ministeriums für Landwirtschaft, Domänen und Forsten, von da ab mit den Publikationen der Biologischen Anstalt auf Helgoland vereinigt unter dem Titel:

3) **Wissenschaftliche Meeresuntersuchungen**, herausgegeben von der Kommission zur wissenschaftlichen Untersuchung der deutschen Meere und von der Biologischen Anstalt auf Helgoland, im Auftrage des Königl. Ministeriums für Landwirtschaft, Domänen und Forsten und des Königl. Ministeriums der geistlichen, Unterrichts- und Medizinal-Angelegenheiten.

Abteilung I, Helgoland, Band I—VII.
Abteilung II, Kiel, Band I—VIII.

Seefischerei.   53

4) Ein Satz **Aräometer** nebst **Thermometer** und **Cylindergefäss** (zur Ausrüstung der Beobachtungsstationen der Kieler Kommission). Durch Eintauchen des Aräometers in die in das Cylindergefäss gefüllte Wasserprobe wird zunächst das spezifische Gewicht des Wassers festgestellt. Aus diesem und der Temperatur des Wassers bei der Ablesung wird darauf der Salzgehalt mit Hülfe von Knudsens hydrographischen Tabellen (Kopenhagen und Hamburg, 1901) berechnet.

5) **Schlammröhre** (nach Apstein). Wird, nachdem sie hinten mit Leinen geschlossen ist, über den Meeresboden gezogen. Kann auch auf Sandboden verwendet werden, wo der Schlammstecher keine Proben heraufbringt.

6) **Schlammheber** (nach Apstein). Geht offen in die Tiefe, schliesst sich selbsttätig, sowie er auf den Boden aufstösst. Er bringt die oberste, von kleinen Organismen bevölkerte Schlammschicht und das dicht darüber stehende Wasser herauf.

7) **Planktonröhre** (nach Apstein). Wird bei vollfahrendem Schiffe hinter demselben hergezogen. Das Material sammelt sich auf dem die Röhre hinten schliessenden Gazeläppchen.

8) **Bakterienschöpfer** nach Fischer (geändert). Geht offen in die Tiefe und wird in gewünschter Tiefe durch ein Fallgewicht geschlossen.

Schrank III.

1) **Dredge.** Zum Fange von Bodentieren und Bodenpflanzen; wird hinter dem Schiffe auf dem Meeresboden hingeschleppt.

2) **Ergebnisse** der Beobachtungsstationen an den deutschen Küsten über die physikalischen Eigenschaften der Ostsee und Nordsee und die Fischerei, 1873—1893.

3) **Atlas deutscher Meeresalgen**, von J. Reinke, Berlin, 1889—1892.

4) **Fische der Ostsee**, K. Möbius und F. Heincke, Berlin, 1883.

5) **Biologische Beobachtungen** bei künstlicher Aufzucht des Herings, H. A. Meyer, Berlin, 1878.

6) **Gemeinfassliche Mitteilungen** aus den Untersuchungen der Kommission, Kiel, 1880.

7) **Zählmikroskop** von Hensen. Zum Zählen von Planktonorganismen. Auf dem grossen Objekttische, der mit einer gleichmässig und sehr fein liniierten Glasplatte bedeckt ist, wird ein Bruchteil eines Planktonfanges ausgebreitet und unter langsamem Verschieben des Objekttisches und Notierung jedes der in das Gesichtsfeld tretenden Organismen analysiert.

8 u. 9) **Stempelpipetten** nach Hensen. Mit denselben werden von einem Fange 0,1; 0,2; 0,5; 1,0; 2,5; 5,0 ccm entnommen; dazu **Schüttelglas** (9), in dem der ganze Fang unmittelbar vor der Entnahme der Teilprobe durch Schütteln möglichst gleichmässig gemischt wird.

10) **Filtrator** nach Hensen. Zur Befreiung der Fänge mit dem grossen Planktonnetz vom Wasser.

11) **Handfiltrator.** Zur Befreiung der Fänge mit dem Vertikalnetz vom Wasser und um verschieden grosse Organismen von einander zu trennen, indem man Gaze von verschiedener Maschenweite verwendet.

Königlich Preussische Biologische Anstalt, Nordsee-Museum und Aquarium auf Helgoland.

Die Anstalt stellt einige Proben aus ihrer wissenschaftlichen Sammlung konservierter Pflanzen und Tiere der Nordsee aus, ferner eine Anzahl bildlicher Darstellungen ihrer Gebäude, Einrichtungen und Arbeiten, ihre wissenschaftlichen Publikationen und eine Auswahl ihrer Original-Fanggeräte für die Erforschung des Meeres im Interesse der Seefischerei.

Schrank A.

1) **Hummer** unmittelbar nach dem Schalenwechsel, zeigt den aufgedunsenen Rumpf und die deformierten Scheren.

2) **Leere Schale dazu,** aus welcher der Hummer ausschlüpfte.

3) **Gehäuteter Hummer** mit neugebildeten (regenerierten) Scheren und Beinen.

4) **Leere Schale dazu,** an welcher die Scheren und Beine nur als Knospen erkennbar sind.

5) **Hummer vor der Häutung,** im Begriff, beide Scheren zu regenerieren.

6) **Hummer,** der beide Scheren durch Autotomie (Selbstverstümmelung) abgeworfen hat. Wenn der Hummer durch Verlust der Schere sein Leben retten kann, so lässt er sie freiwillig los; dabei trennt sich die Schere an ihrer engsten Stelle vom Körper, ohne Blutverlust.

7) **Die 7 frühesten Entwicklungsstadien des Hummers,** bis zum Alter von 3 Monaten; im vierten Stadium beginnt das Leben am Grunde.

8) **Hummer im Alter von** $1/4$, **1 und 2 Jahren.**

9) **Mageninhalt von Schellfischen** (Gadus aeglefinus), besteht hauptsächlich aus Schlangensternen und Krustern.

10) **Mageninhalt eines Kabljaues** (Gadus morrhua), enthält einen unverdauten Krebs (Nephrops).

11) **Mageninhalt eines Lengs** (Lota molva), enthält einen unverdauten Schellfisch.

12) Stück Treibholz mit **Entenmuscheln** (Lepas hilli).

13) Treibend gefundene Flasche mit Anwachs von **Hydroidpolypen** (Obelia geniculata).

14) **Kompassqualle** (Chrysaora isosceles).

15) **Blumenkohl-Qualle** (Rhizostoma Cuvieri).

Schrank B.

16) Entwicklungsserie vom **Kabljau** (Gadus morrhua).

17) Entwicklungsserie vom **Schellfisch** (Gadus aeglefinus)

18) Entwicklungsserie vom **Wittling** (Gadus merlangus).

19) Entwicklungsserie vom **Steinbutt** (Rhombus maximus)

20) Entwicklungsserie von der **Scholle** (Pleuronectes platessa).

21) **Scholle mit Hartgummiknopf markiert.** Derartig markierte Schollen werden in grosser Zahl ausgesetzt, um an den wiedergefangenen Richtung und Schnelligkeit der Wanderungen, Wachstum, Intensität der Befischung u. a. m. festzustellen. (Vergl. auch das Plakat auf der Säule.)

22) **Scheibenbauch** (Cyclogaster liparis) mit seinen auf Hydroidpolypen (Sertularia) abgelegten Eiern.

23) **Steinpicker** (Agonus cataphractus) mit seinen auf Algenwurzeln (Laminaria) abgelegten Eiern.

24) **Aalmutter** (Zoarces viviparus), essbarer, lebendig gebärender Fisch; das aufgeschnittene Exemplar zeigt die Jungen im Mutterleibe.

25) **Taschenkrebs** (Cancer pagurus), eben gehäutet (rechts), nebst aufgeklappter leerer Schale (links), in welcher das innere Skelet sichtbar ist.

26) **Taschenkrebs** (Cancer pagurus), Entwicklungsserie.

Trockenpräparate.

27) **Hummer** (rechts) nebst leerer Schale (links), aus welcher er ausgeschlüpft ist.

28) **Taschenkrebs** (Cancer pagurus) mit Auster auf der Schale.

29) **Spinnenkrabbe** (Stenorrhynchus phalangium).

30) **Strandkrabbe** (Carcinus maenas), Entwicklungsserie.

31) **Herzigel** (Echinocardium cordatum).

32) **Gem. Seeigel** (Echinus miliaris).

33) **Sonnenstern** (Solaster papposus).

34) **Schlangenstern** (Ophiura albida, Ophiothrix fragilis und Ophiura texturata).

35) **Kammuschel** (Pecten opercularis).

36) **Dreieckmuschel** (Donax vittatus).

37) **Bunte Kreiselschnecke** (Trochus zizyphinus).

38) **Wendeltreppe** (Scalaria communis).

39) **Venusmuschel** (Venus gallina).

40) **Korbmuschel** (Corbula gibba).

41) **Ledamuschel** (Leda minuta).

42) **Türmchen-Schnecke** (Bela turricula).

43) **Strandschnecke** (Littorina obtusata).

Bildersäule mit 12 Doppeltafeln.
44) a. Eine Anzahl **Algen** der Meeresflora von Helgoland.
    b. **Abbildungen** aus den **Publikationen der biologischen Anstalt.**
    Ferner **Abbildungen, Pläne** etc. zu folgenden Gegenständen:
    c. Naturgeschichte des **Hummers** (Häutung und Entwicklung); vgl. Sammlungsschmuck.
    d. **Markierung von Schollen.**
    e. **Netze und Geräte** für wissenschaftliche Meeresuntersuchungen, **Arbeiten** an Bord des Forschungsdampfers „Poseidon".
    f. **Gebäude der Biologischen Anstalt,** einschliesslich Museum und Aquarium und Fahrzeuge der Anstalt.
    g. **Helgoländer Fischereibetriebe.**
    h. Geschichte und Zerstörung der **Insel Helgoland,** Sturmbilder.

45) **Dreischeerbretternetz** zum Fang von Jungfischen in den höheren Wasserschichten. Desgl. Modell.

46) **„Helgoländer Trawl",** engmaschiges Grundnetz zum Fang von Jungfischen am Boden. Desgl. Modell.

47) **Granatkurre** mit Flügeln und engmaschigem Steert zum Fang von Jungfischen am Boden.

Seefischerei. 59

48) **Vertikalnetz** nach Hensen aus Seidengaze Nr. 3 für quantitative Untersuchungen der treibenden Fischeier.

49) Vollständige Reihe der von der Biologischen Anstalt herausgegebenen Zeitschrift „Wissenschaftliche **Meeresuntersuchungen, Abteilung Helgoland."**

50—52) 3 Gypsabgüsse von Nutzfischen:
Kabljau (Gadus morrhua).
Schellfisch (Gadus aeglefinus).
Leng (Lote molva).

Deutsche wissenschaftliche Kommission für die Internationale Meeresforschung, Hannover, Helgoland, Kiel.

Halbes Klotzmodell auf Spiegel des Reichsforschungsdampfers „Poseidon".

Der „Poseidon" ist 432,4 cbm netto und 1363,6 cbm brutto gross, in der Wasserlinie 45,88 m lang und 9 m breit. Die Besatzung besteht aus 17 Mann einschliesslich Kapitän.

Das Schiff ist für die Meeresforschung im Interesse der Seefischerei gebaut und ist mit allen Geräten und Netzen zur praktischen Fischerei und zu wissenschaftlichen Untersuchungen ausgerüstet. Der Heimatshafen ist Geestemünde, von hier tritt der Dampfer seine Untersuchungsfahrten an, wobei hauptsächlich Gelehrte aus Kiel, Helgoland und Hannover eingeschifft werden. Die Verwaltung des Dampfers besorgt im Namen des Reiches der Präsident des Deutschen Seefischerei-Vereins.

Pläne des Reichsforschungsdampfers „Poseidon". (Massstab 1:50.)
I. Plan.
Längsschnitt. Er gibt ein Gesamtbild von der Einteilung des Schiffes, seinen Deckaufbauten und seiner Besegelung. Im

Vorschiff befinden sich: Kabelgat, Kettenkasten, Netzraum, Laderaum; im Mittelschiff: Bünn, Proviantraum, Eisraum, Wohnräume für Offiziere, Maschinisten, Mannschaften etc., Kesselraum, Kohlenbunker, Maschinenraum, Trink- und Speisewassertank; im Hinterschiff: Wohnräume für die Gelehrten, Packraum, Frischwassertank, Trimtank und Kabelgat. Die Deckaufbauten enthalten das vordere Laboratorium, darüber die Wohnräume des Kapitäns, Kartenzimmer und Ruderhaus auf dem Mitteldeck, das Rauchzimmer und das hintere, grosse Laboratorium auf dem Achterdeck. Die Besegelung besteht aus je einem Fock- und einem Grosssegel am vorderen und hinteren Mast.

Hierunter Riss, das Deck, seine Aufbauten und die Winden von oben gesehen zeigend, zuvorderst die Ankerwinde, hinter dem vorderen Mast die vordere grosse Dampfwinde von 15 PS. und auf dem Achterdeck die hintere grosse Dampfwinde.

Rechts ein Querschnitt. Die rechte Hälfte desselben gibt einen Querschnitt durch den Kesselraum nebst Kohlenbunker, die linke durch den Maschinenraum und den darüber befindlichen Raum für die Lotmaschine.

II. Plan.

Grundriss des Oberdecks und seiner Aufbauten. Er zeigt die genaue Einteilung der Deckaufbauten, hauptsächlich des vorderen und hinteren Laboratoriums, sowie des Rauchzimmers und die Lage der Winden.

Darunter Grundriss des Zwischendecks. Er gibt eine Uebersicht der in diesem gelegenen Räume, wie Netz-, Lade- und Reepraum, Wohnung der Offiziere, Maschinisten und Mannschaften, Kesselraum, Kohlenbunker, Maschinenraum, Wohnung und Salon für die Gelehrten.

Zu unterst der Raumplan. Hier liegen Laderaum, Reepraum, Bünn, Proviantraum, Eisraum, Kesselraum, Kohlenbunker, Maschinen- und Packraum.

Rechts daneben 6 halbe Querschnitte durch 6 verschiedene Spanten des Schiffes:

Die Hälften des oberen Querschnittes zeigen zwei verschiedene Partien des Hinterschiffes. Links Salon und Wohnraum eines Assistenten, darüber Laboratorium, darunter Packraum; rechts Vorplatz und Bad, darüber Rauchzimmer, darunter Packraum.

Die Hälften des mittleren Querschnittes zeigen: links Maschinistenwohnräume, darüber Fischlaboratorium und Kapitänswohnraum, darunter Eisraum; rechts Vorplatz und Wohnraum des II. Offiziers, darüber Fischlaboratorium und Ruderhaus, darunter Proviantraum.

Die unteren Querschnitthälften zeigen: die linke, Koch- und Stewardwohnraum, Messe, darüber grosse vordere Winde, darunter Proviantraum; die rechte, Netzraum, darüber Kühlraum, darunter Laderaum.

Bilder des Reichsforschungsdampfers „Poseidon".

Bild 1. Vorderes Laboratorium. Hier kommen die Fänge der grossen Netze zur Verarbeitung (Wiegen, Sortieren, Messungen, Geschlechts- und Laichreifebestimmung, Mageninhaltsbestimmung etc.).

Bild 2. Hinteres, grosses Laboratorium auf dem Achterdeck, die Abbildung stellt nur einen Teil des Laboratoriums dar. Hier werden die feineren Arbeiten, so die planktonologischen, hydrographischen und feineren biologischen Untersuchungen ausgeführt. (Mikroskopische Untersuchungen der Planktonfänge, Bestimmung von Temperatur und Salzgehalt des Meerwassers; Mikroskopische Untersuchungen von Eiern, jungen Larven, Mageninhalt planktonfressender Fische etc.)

Bild 3. Rauchzimmer.

Bild 4. Küche.

Bild 5. Salon.

Bild 6 zeigt die grosse Dampfwinde von rund 15 PS. (bei 8 at Dampfspannung) für den Walfischfang und die Heringsfischerei auf dem Vorderdeck. Dahinter liegt die Kommandobrücke mit den Wohnräumen und Kartenzimmer des Kapitäns.

Bild 7 zeigt die grosse Dampfwinde zum Aussetzen und Einholen der Netze vom Achterdeck (Scheerbrettnetze, Plankton- und Eiernetze etc. etc.).

Jahresberichte der Wissenschaftlichen Kommission I—III

Spezialarbeiten der deutschen Wissenschaftlichen Kommission.

Deutsche evangelische Seemannsmission
Bremerhaven, Seemannshaus.

Photographien von **Seemannsheimen** etc.

Berichte des General-Komitees für deutsche evangelische Seemannsmission in Grossbritannien (Sitz: Sunderland) über die ihm unterstellten Heime in Sunderland, Newcastle, Middlesbrough, Hull, London, Leith, Glasgow, Liverpool, Dundee, Manchester.

Berichte des Verbandes deutsch-lutherischer Vereine für innere Mission zum Zwecke der Seemannsfürsorge (Sitz Hannover) über die Heime in Bremerhaven, Geestemünde, Cardiff, Hamburg, Altona, Kiel, Kapstadt, Philadelphia, Riga.

Berichte des Komitees für deutsche evangelische Seemannsmission (Sitz Berlin) über die Heime in Stettin, Danzig, Königsberg, Lübeck, Kopenhagen, Petersburg, Amsterdam, Rotterdam, Antwerpen, Marseille, Genua, Buenos-Ayres, Valparaiso.

Berichte einzelner Stationen.

„Rechter Kurs", Organ für die höchsten Interessen des deutschen Seemanns, im Auftrage der deutschen Seemannsmission herausgegeben vom Seemannspastor in Bremerhaven, ist gegründet 1900, erscheint seit August 1905 monatlich zweimal (bis dahin monatlich einmal) und wird in der Höhe von 4—5000 Exemplaren von der Seemannsmission unter den Seeleuten verbreitet.

Das Blatt, welches den Seeleuten die Tageszeitung ersetzt, behandelt soziale, wirtschaftliche, politische, religiöse Fragen in seemännischer Beleuchtung, bringt Abhandlungen über wichtige Ereignisse und Erfindungen im Schiffahrtsleben, Nachrichten aus einzelnen Häfen und aus der Heimat.

Die „Blätter für Seemannsmission" sind gegründet, um das Interesse der Freunde der Seemannsmission wach zu halten. Die Blätter erscheinen vierteljährlich und sind zu beziehen durch Pastor Jungclaussen, Zarpen (Holstein).

Der **Seemannskalender**, vom Hamburger Seemannspastor herausgegeben, hat denselben Zweck und dasselbe Ziel wie der „Rechte Kurs"; er erscheint in einer Auflage von ca. 3000 Exemplaren.

Königl. Hafenmeister Duge zu Geestemünde.

Broschüre, die **Geestemünder Hochseefischerei**. Darstellung der Entwicklung und des heutigen Standes der Hochseefischerei in Geestemünde.

Lehrmittel für Seefischer-Vorträge. (Siehe S. 38—41.)

Wilhelm Pellegrini, Fabrik plastischer Kunstgegenstände zu Chemnitz in Sachsen.

Bemalte Gipsmodelle folgender Fische:

Stachelrochen, Raja clavata, L.; Heilbutt, Hippoglossus vulgaris, Flem.; Leng, Lota molva, L.; Wels, Silurus glanis, L.; Aal, Anguilla vulgaris, Flem.; Glatthai, Mustelus laevis, Risso.; Schellfisch, Gadus aeglefinus, L.; Köhler, Gadus carbonarius, L.; Hundshai, Galeus canis, Bonap.; Kabeljau, Gadus morrhua, Günth.; Knurrhahn, Trigla hirundo, Block.; Lachs, Salmo salar, L.; Hornhecht, Belone vulgaris, Flem.; Spiegelkarpfen, Cyprinus carpio, L.; Seehase, Cyclopterus lumpus, L.; Aesche, Thymallus vulgaris, Nils.

J. Lindenberger, Berlin C., Am Königsgraben 8.

Engros- und Export-Fischhandlung und Lachsräucherei.

Vollständige **Entwicklung von Lachseiern** vom Tage vor der Befruchtung bis zum vollständig ausgewachsenen Fisch, in präpariertem Zustande in Gläsern aufgestellt.

Ausstellung eines Teils der **Fischerei-Anlagen** der Firma in Amerika in Miniatur, dem Originale getreu, worunter sich auch verschiedene, dort in Anwendung kommende Fischerei-Geräte in Miniatur befinden.

Verschiedene Arten von **See- und Flussfischen** in präpariertem Zustande und in Gläsern aufgestellt.

Ein **Paradebett** für frische und geräucherte Fische (zeitweise ausgestellt).

C. G. Kuhnert Söhne, Hamburg.

Ein **Austerneisen.** Wird zum Fang der Austern auf den fiskalischen Bänken von Schleswig (Nordseegebiet) benutzt.

Zwei **Packtonnen** für Austernversand. $1/_1$ Tonne für ca. 250 Stück, $1/_2$ Tonne für ca. 125 Stück Inhalt. — Die Tonne ist mit **Austern** von den fiskalischen Bänken gefüllt.

J. Langer, Löwenapotheke in Geestemünde.

Zwei **Medizinkasten**, einer für einen Fischdampfer, der andere für einen Fischkutter, nach der Vorschrift des Bundesrats vom 3. Juli 1903.

Lipsius und Tischer, Buch- und Kunsthandlung, Kiel.

Naturwissenschaftliche Verlagswerke (Ergebnisse der Plankton-Expedition, Nordisches Plankton, Werke von Krämer, Apstein etc.).

Gruppe 60.

Fische und andere lebende oder konservierte Wassertiere Fischöle u. s. w.

Verein der Fischindustriellen Deutschlands zu Altona a. E. Generalsekretär Max Stahmer in Hamburg, Lappenbergs-Allee Nr. 36.

Dem Verein gehören 295 deutsche Firmen an, die sich mit der Verarbeitung von Fischereiprodukten beschäftigen. Ein Mitglieder- und Warenverzeichnis ist auf dem Ausstellungsplatz zu haben.

Geräucherte und marinierte Fische.

B. Geissler, Blechemballagen-Fabrik, Altona-Ottensen, Roonstr. 14—16.

Leere Blechdosen für Konserven.

C. G. Kuhnert Söhne, Fischgrosshandlung in Hamburg.

Austern verschiedener Art und Grösse.

Karges-Hammer, Maschinenfabrik, Aktiengesellschaft, Braunschweig.

Rollenscheere zum Instreifenschneiden der Blechtafeln, welche zur Herstellung von Rümpfen und Deckeln für Blechdosen zu Fischkonserven dienen.

Der Hauptbestandteil dieser Maschine sind die 2 Wellen mit einer Nutzlänge von 800 mm, auf welchen man 9 Paar Messer in beliebiger Entfernung von einander befestigen kann. Die Messer drehen sich in entgegengesetzter Richtung und ziehen die Blechtafeln durch, während sie dieselben zerschneiden. Diese Blechtafeln werden von einem Lineal zugeführt, welches bis zu 700 mm von den Rollen entfernt eingestellt werden kann. Die Leistung der Maschine beträgt ungefähr 16000 Streifen in 60 mm Breite in einer Stunde, grössere Breiten im Verhältnis. Auf jedem Paar Messer sitzt ein Oeler, um zu verhindern, dass der Schnitt warm wird. Mittelst eines Schleifapparates, welcher der Maschine beigegeben wird, kann man die Messer wieder schärfen, ohne sie von den Wellen zu entfernen.

Fadenandrückmaschine für Kraftbetrieb zum Befestigen der Dichtungsringe aus Gummi an die Deckel und Böden der Blechdosen für Fischkonserven.

Die Maschine hat einen runden, drehbaren Tisch mit 4 Einbrennköpfen, auf welche man nacheinander die Gummiringe aufzieht und die Böden auflegt. Kommt ein Einbrennkopf bei der Drehung unter den Brennkopf der Maschine, so wird er an denselben angedrückt und hierdurch wird der Ring an dem Deckel befestigt. Darauf passiert der Einbrennkopf die Abwerfvorrichtung, sodass er wieder frei ist, wenn er zu dem bedienenden Arbeiter zurückkehrt. Die Leistung beträgt täglich 15—18000 Böden.

Automatische Gummiringschneidemaschine.

Nachdem man mittelst Schrägschnitt entsprechende Gummistreifen geschnitten und deren Längsseiten mittelst flüssigem Gummi zusammengeklebt hat, sodass daraus ein Rohr entsteht, wird dieses Rohr auf den Tisch der Schere an die Zuführungswalze, welche das eine Ende des Rohres den Schermessern zuführt, gebracht. Diese Messer schneiden den Schlauch in einem fort ohne weitere Hülfe in dünne Ringe. Der Vorschub des Ringes ist regulierbar, je nachdem die Ringe breiter oder schmäler werden sollen. Die Leistung der Maschine beträgt etwa 45—60000 Ringe in einer Stunde.

Automatische Verschlussmaschine für Blechdosen.

Diese Verschlussmaschine hat zwischen dem Kopfe und Teller eine horizontale Scheibe mit 4 Dosenuntersätzen, die zur Aufnahme des Blechrumpfes und des darauf zu befestigenden Bodens bestimmt sind. Sobald einer dieser Untersätze unter dem Teller angekommen ist, wird er von diesem gegen den Kopf gedrückt und die um denselben kreisenden Verschlussrollen falzen den Boden an den Rumpf fest. Sobald der Verschluss beendet ist, führt der 'Dosenuntersatz dem bedienenden Arbeiter den verschlossenen Rumpf zu, der ihn durch einen unverschlossenen ersetzt. Leistungsfähigkeit für Dosen mit abgerundeten Ecken 6—700, für runde Dosen ungefähr 1200 Stück in einer Stunde.

Verschlussmaschine „Liliput" für runde Dosen, für Handbetrieb.

Die zu verschliessende Dose wird auf den Teller der Maschine gestellt und der Tellerhebel nach links geführt. Darauf wird der Verschlusshebel angezogen und auf diese Weise durch die Verschlussrolle der Deckel an den Rumpf gefalzt. Leistung 150 Stück in einer Stunde.

Fischkochkessel.

Dieser Kessel wird mit Wasser bis unterhalb der Dampfrohre gefüllt und von dort ab mit Oel. Der die Rohre durchströmende Dampf erwärmt sehr bald das Oel und siedet darin die auf Drahtkörben in dasselbe eingeführten Fische. Alle Unreinlichkeiten fallen in das unter dem Oel befindliche Wasser, sodass das Oel fortwährend klar und rein bleibt und eine bedeutende Ersparnis von Oel erzielt wird.

Karl Kneusel, Maschinenfabrik und Eisengiesserei zu Zeulenroda.

Schwungradkurbelpresse, schrägstehend, für Motorbetrieb.

Diese Maschine dient dazu, aus der ganzen Blechtafel heraus Dosenteile auszuschneiden und im halben Geschäftsgang gleich mit zu formen (zu ziehen).

Schwungradkurbelpresse für Motorbetrieb.

Diese Maschine schneidet die Deckel aus und bringt sie in die Form (stanz sie).

Schwungrad-Excenterpresse für Motorbetrieb.

Diese Maschine drückt in die Deckel Vertiefungen ein, die das Blech an bestimmten Stellen schwächen und es so zum späteren Herausreissen eines Streifens vorbereiten, wodurch ein leichtes Oeffnen der gefüllten Dosen erreicht wird.

Maschine zum Andrücken der Dichtungsfäden für Motorbetrieb.

Diese Maschine dient zum Andrücken von Gummifäden an die Deckel. Diese Gummifäden bewirken, dass die Dosen, die nicht verlötet, sondern nur gefalzt werden, im Falz unbedingt dicht sind.

Dosenverschlussmaschine.

Diese Maschine hat den Zweck, Boden mit Rumpf der Dose durch Falz zu verbinden, die Dosen also nach dem Füllen luftdicht zu verschliessen.

Dosenverschlussmaschine.

Maschine wie vorstehend, nur dass, während jene für unrunde Dosen Verwendung findet, diese ausschliesslich für runde Dosen gebraucht wird.

Schrank mit Mustern von Fischkonservendosen.

Die Dosen werden zum Teil im Durchschnitt gezeigt, um einige verschiedene Ausführungen zu zeigen, besonders aber auch die allmähliche Entstehung des Falzverschlusses zu veranschaulichen.

Fr. Kohlenberg, Seefischgrosshandlung, Fischräucherei und Konservenfabrik, Geestemünde.

Diverse Fischmarinaden in Blechdosen.

Gust. Meyer, Fischgrosshandlung, Marinier-Anstalt und Braterei, Geestemünde.

Meyers Seefisch-Filet.

Zur Herstellung dieser Konserve werden ausschliesslich lebendfrische Fische (Schellfisch, Kabliau etc.) sofort nach der Landung verwandt. In der diesem Zweige dienenden Fabrikanlage der Firma Gust. Meyer, Geestemünde, werden mit Hülfe der modernsten Maschineneinrichtungen die Filetstücke von den Fischen abgetrennt. Dann werden diese Filets unter Anwendung einer besonderen Behandlung in Dosen eingelegt.

Dieses Seefisch-Filet ist zu jeder Jahreszeit — im heissen Sommer wie im kalten Winter — gebrauchsfertig, es ist unter allen klimatischen Verhältnissen jahrelang haltbar.

Mit Hülfe einer Dose Fischfilet und unter Benutzung des von der Firma gratis gelieferten Rezeptbuches vermag jede Hausfrau in wenigen Minuten ein kräftiges Fischgericht (Fischsuppe, Fischragout, Fischpudding, Fischpastete, Fischsalat etc.) herzustellen.

Claus Siegfried, Krabbenkonservenfabrik, Büsum.

Krabbenkonserven in Blechdosen.

Geestemünder Herings- und Hochseefischerei, A.-G. zu Geestemünde. Direktor: Edwin Richardson.

Fastagen.

Gesalzene Heringe in Tonne mit Glasdeckel.

Triton-Werke H. Hartje, Fischkonservenfabrik, eigene Dampfanlage, Fischmarinieranstalt und Fischräucherei, Geestemünde.

Die Fabrikate werden sowohl in neutralen, d. h. in dekorierten Dosen, jedoch ohne Firma oder Schutzmarke, und in Dosen mit der gesetzl. geschützten Marke „Triton" geliefert.

Getrocknete Fische. Flachfische. Stockfische. Klippfische. Rotscheer.

Konserven in Dosen. Schellfische, gebraten. Schellfische, naturell sterilisiert. Rollmops. Bismarckhering. Bückling in Oel, sterilisiert.

2 Photographieen der **Anlage**.

Fischmarinaden verschiedener Art.

Fischmehle.

Erste Deutsche Dampf-Leberthran-Fabrik Oscar Neynaber & Co., Geestemünde.

Dampfmedicinaltran (Kabliau) erste Qualität.
„ „ zweite „
„ „ dritte „
Dorschlebertran zu Veterinärzwecken.
„ gelbblanken für Industrie.
„ braunblanken „ „
„ braunen „ „

Gewöhnlichen **Fischlebertran** für Industrie.
Braunen **Heringstran** ,, ,,
Weisses **Dampftranstearin.**
Braunes **Transtearin.**
Dorschlebermehl zu Futterzwecken.
Dorschlebertrockenrückstände zu Düngezwecken.
Heringsmehl, entfettet zu Futterzwecken.
Gesalzener **Dorschrogen.**
Frische **Kabliauleber,** präserviert.
Einige Exemplare **frische Kabliaus,** präserviert.
Dampftran aus der Leber des Schellfisches.
,, ,, ,, ,, ,, Köhlers.
,, ,, ,, ,, ,, Merlans.
,, ,, ,, ,, ,, Seehechtes.
,, ,, ,, ,, ,, Grundhais.
,, ,, ,, ,, ,, Katzenhais.
,, ,, ,, ,, ,, Lengfisches.
,, ,, ,, ,, ,, Keulenrochens.
,, ,, ,, ,, der Seekatze.

Als officineller Dampfmedicinaltran ist nach den Anforderungen der Pharmacopoea nur der im Dampfbade gewonnene blassgelbe Tran aus der Leber des Kabliaus — Gadus morrhua — (Gattung Dorsche) zugelassen.

Er stellt ein auch bei 0 Grad klar flüssig bleibendes Oel dar, von mildem, fischartigem Geschmack, äusserst schwach sauerer Reaktion, einem spezifischen Gewicht von 0,9284; Jodzahl 149,2; Verseifungszahl 149,2. Mit konzentrierter Schwefelsäure färbt er sich vorübergehend intensiv violett, mit rauchender Salpetersäure rosa, dann zitronengelb; mit verdünnter Salpetersäure tritt keine Erstarrung ein (Elaidinprobe auf Verfälschung mit Pflanzen-Oelen).

Die Trane aus den Lebern anderer Dorscharten, wie anderer Seefische überhaupt, zeigen diese Merkmale mehr oder weniger nicht; bis auf die Elaidinprobe treten sie gar nicht auf bei Tranen, die aus dem Fleisch der Heringe, Lachse und dem Speck der Meeressäugetiere gewonnen werden. Aus frischem Rohmaterial und im gelinden Dampfbade hergestellt kommen sie indessen dem echten Lebertran so nahe an Farbe, Geschmack und Geruch, dass sie leicht zur Verfälschung dieses dienen können, ohne dass bei oberflächlicher Prüfung sich ihr Vorhandensein ohne weiteres ergibt. Es kommen in Betracht die Trane aus den Lebern des Schelltisches (Gadus aeglefinus), des Köhlers (Gadus carbonarius), des Merlans (Gadus merlanus), des Seehechtes (Merlucius vulg.), des Lengfisches (Molva vulgaris), der Seekatze (Chimära monstrosa), sowie der verschiedenen Hai- und Rochenarten, die in Proben vorgeführt werden.

Während zu officinellem Dampfmedicintran bei uns ausschliesslich die Leber von Gadus morrhua verarbeitet wird, dienen die Rückstände aus diesem Verfahren, sowie die Lebern der übrigen Gadusarten zur Gewinnung von Veterinär- und industriellem Dorschtran. Für industrielle Zwecke finden auch die Lebertrane von Hai- und Rochenarten Verwendung, die unter der Kollektivbezeichnung „Fischlebertran" in den Handel gebracht werden.

Endlich werden auch die in den Fischräuchereien und Marinieranstalten gesammelten Abfälle von Heringen zu Heringstran (mittels Benzinextraktion) und die Trockenrückstände zu Fischmehl verarbeitet, welch letzteres als Futtermittel verwandt wird; ebenso erfahren die aus der Lebertranfabrikation verbleibenden breiigen Rückstände eine gleiche Verarbeitung, indem noch brauner Lebertran (für Rotgerberei) und Fischlebermehl als Futter- oder Düngemittel daraus gewonnen wird.

Als weiteres Nebenprodukt unserer Hochseefischerei ist noch Dorschrogen zu erwähnen, der in angesalzenem Zustande aus der Fischerei speziell bei Island angebracht wird und nach Frankreich, Spanien und Portugal exportiert wird, wo er als Köder für den Sardinenfang Verwendung findet.

Geestemünder Fischmehl-Fabrik, G.m.b.H., Geestemünde.

Eine Photographie der **Fabrik**.

Drei Gläser mit **Fischmehl**.

Das Fischmehl ist ein Kraftfutter allerersten Ranges. Dasselbe findet die vorteilhafteste Anwendung als Futterbeigabe bei Schweinen, Geflügel, sowie auch Fischen. Es enthält 65 bis 70 Prozent Proteïn, ca. 2 Prozent Fett, 18 bis 20 Prozent 3 basisch phosphorsauren Kalk, ist äusserst leicht verdaulich, bewirkt bei Schweinen eine schnelle, rationelle Mast, bei Hühnern eine erhöhte Eierproduktion und speziell bei der Kükenaufzucht ein schnelles und kräftiges Wachstum. Ganz besondere Vorliebe hat unser Fischmehl in der Fischzucht gefunden, da auch hier allseitig nur überaus günstige Resultate in der Aufzucht von Brut u. s. w. erzielt worden sind.

Johannes Witte, Misdroy i. Pommern.
Geräucherte Lachse.

Professor Dr. Franz Lehmann, Göttingen.

Graphische Darstellungen über den Nährwert und die Preiswürdigkeit deutscher Seefische.

Nach eigenen mit Unterstützung des Deutschen Seefischerei-Vereins ausgeführten Untersuchungen.

Diese Darstellungen sollen den Nährwert derjenigen Seefische zeigen, welche sich ihrer Preiswürdigkeit halber zur Volksernährung eignen. Es ist nicht die prozentische Zusammensetzung des Fischfleisches angegeben, vielmehr die Hauptfrage beantwortet worden, wieviel Nährstoff, Proteïn und Fett in einem Kilogramm Seefisch, von der Beschaffenheit wie er auf dem Markte gekauft wird, enthalten sind.

Die Fische wurden gewogen, gekocht, dann in Abfall und essbaren Anteil getrennt. In dem essbaren Anteil wurde Wasser, Proteïn, Fett und Asche ermittelt.

Die letzteren Zahlen sind in den Tabellen zur Darstellung gebracht, und zwar im Vergleich mit Rindfleisch mittlerer Qualität.

Seefischerei.

1) **Die erste Tabelle gibt die nutzbare Substanz in 1 Kilogramm frischen Seefisch an**, z. B. enthält

	Proteïn	Fett
Schellfisch	90 g	2 g
Kabliau ohne Kopf	105 g	1 g
Köhler ohne Kopf	157 g	2 g

Dieselbe Menge Proteïn wie 1 Kilogramm Rindfleisch enthalten danach 2 Kilogramm Kabliau, 1,6 Kilogramm Schellfisch, 1,4 Kilogramm Seehecht u. s. w. Den gleichen Proteïngehalt wie Rindfleisch hat das Fleisch im Köhler. Der Hering, gesalzen, erreicht das Rindfleisch im Proteïngehalt und übertrifft es im Fettgehalt.

2) **Die zweite Tabelle zeigt die Zusammensetzung der geräucherten Seefische.** Die Industrie des Räucherns befindet sich in den deutschen Nordseehäfen im starken Aufschwunge. Ihre Produkte gewinnen jährlich an Beliebtheit. Zusammensetzung z. B.

	Proteïn	Fett
Schellfisch	167 g	3 g
Kabliau	188 g	4 g
Seehecht	198 g	38 g
Köhler	207 g	3 g
Scholle	193 g	13 g
Hering	174 g	129 g
Bückling	161 g	37 g
Kieler Sprotten	126 g	97 g

Danach hat geräucherter Seefisch reichlich den gleichen, in vielen Fällen einen beträchtlich höheren Gehalt an Proteïn als Rindfleisch. Er gehört zu den besten und wohlfeilsten Nahrungsmitteln und eignet sich ganz besonders zur Massenverpflegung.

3) **Seefische in Büchsen.** Der Seefisch ist in dieser Form am haltbarsten. Die Tabellen zeigen die Zusammensetzung von

Seefischerei.

1000 g Büchseninhalt und beweisen, dass darin reichlich soviel Nährstoffe wie in frischem Seefisch enthalten sind, z. B.

	Protein	Fett
Bratschellfisch . . .	108 g	27 g
Seeaal in Gelée . . .	94 g	25 g
Schellfisch in Gelée	123 g	1 g
Makrele in Gelée . .	91 g	4 g
„Bismarck" - Hering	132 g	111 g